人間と心のしくみを知って人生を変える

「目覚め」への道の歩き方

春井《はるい》 星乃《ほしの》

イラスト：末富《すえとみ》 晶《しょう》

ナチュラルスピリット

はじめに

この本を手に取ってくださり、ありがとうございます。
元臨床心理士の春井星乃です。

あなたが「目覚め」という言葉に惹《ひ》かれて、この本を開いてくださったならば、

「幸せになりたいけれど、必死でお金を稼いだり、他人から認められようと努力したりするのは、何か違う気がする」
「生きていてもなんか物足りない感じ……、他にワクワクできるものないかな」
「物質的なものではなく、精神的成長や霊性、魂を大切にした生き方がしたい」

と感じているのではないでしょうか。なかには、

「目覚めるために努力しているけど、ほんとうに目覚めに近づけているか不安」

という方もいらっしゃるかもしれません。

「目覚め」という言葉は人によってさまざまな意味で使われますが、本書では、現在一般的な常識

とされる「実証可能なものしか認めない科学的世界観」や「お金をすべての基準として考える資本主義的世界観」からの「目覚め」という意味で使用しています。

つまり、物質的豊かさの追求ではなく、精神的・霊的に成長することが人間の目指すべき本質で、それこそが人間をほんとうの幸せに導くとする考え方ですね。

この本を開いてくださったあなたも、現在のように経済的格差が広がり、あらゆることに希望が持てなくなった時代に、唯一光を見いだせる方向が「目覚め」だと感じていらっしゃるのではないでしょうか。

そこで、本書では、あなたに「目覚めへの道」の地図と「ゴール＝目覚め」の方向を示す羅針盤をご紹介して、あなたが最短距離で「目覚め」に至ることができるようにお手伝いさせていただくことを目的にしています。

「目覚め」への道を進むための鍵は「人間と心のしくみ」を知ること

この「精神的・霊的成長＝目覚め」のために、すでに本やレクチャーから得た知識の実践や瞑想、ワークなどをしている方もいらっしゃると思います。でも、いろいろな努力をしていても、「自分がいま目覚めへの道のどの辺にいるのか」ということをきちんと分析できる人って少ないのではないでしょうか。

実は、人間とその心には明確な構造があって、それを見ていないと自分の位置を知ることはできないんです。

それを知らずに、表面的な感情や感覚、思考だけをポジティブに保とうとしても根本的な心の構造にはまったく届かず、実際は「目覚めへの道を一歩も進めていない」もしくは「逆に後退していた」なんていうことも起きてしまうんですね。

ですから、ほんとうに目覚めるためには、まず「人間と心のしくみ」を知ることが必要ということになります。

人間と心のしくみを知ることで、あなただけの「目覚めへの道の歩き方」が分かる

ここで少し自己紹介をさせていただきたいと思います。

私は中学生の頃から「科学を超えた真理があるのではないか」と感じ、「世界とは、人間とは何か」ということに興味を持っていました。なかでも「人間の性格がどうやってできあがるのか」ということに強い関心があったんですね。

そこで心理学の研究者を目指して大学院に進んだのですが、心理学では性格研究と言っても分野が細分化されていて、私のやりたかった「一個人の性格が乳幼児期の親子関係やその後の経験、遺伝などもすべて含めてどのようにできあがるのか」という統合的な研究はできなかったんです。

それで研究者は諦めて臨床心理士になり、精神科クリニックで臨床経験を積みながら、その後約20年かけて独自の性格理論を作ってきました。現在は、この理論をIDEA PSYCHOLOGY（イデアサイコロジー）と呼び、これをもとに個人セッションをさせていただいています。

イデアサイコロジーは、私の臨床経験と心理学・精神分析・エニアグラム・占星術・ヌーソロジーを基盤にしているのですが、「エニアグラムとヌーソロジーって聞いたことないな」という方もいらっしゃいますよね。

現在、一般的に普及しているエニアグラムとは、１９５０年代に思想家オスカー・イチャーソが考案したとされる９つのタイプによる性格分析法です。でも、このオスカー・イチャーソは心理学者ではないので、心理学では研究対象としては認められていません。

そんなエニアグラムをなぜ取り上げているのかというと、私の知っている心理学のどんな理論よりも私と私の家族、友人たちの性格を見事に説明していたからなんです。私がエニアグラムに出会ったのは大学3年生のときでしたが、ほんとうに衝撃で、卒論にも気づかれないようにエニアグラム要素を入れたくらいでした。

そして、もうひとつ、同時期に私が衝撃を受けた理論がヌーソロジーです。ヌーソロジーとは、半田広宣さんが1990年代から提唱している「物質と精神を統合する宇宙論」であり、先ほどお話しした「人間の構造」を明らかにするものです。私がヌーソロジーにはじめて出会ったのは大学時代の吉祥寺の書店でしたが、その後、数奇な運命で、精神科クリニック勤務時に半田さんと出会い結婚し、現在は福岡で暮らしています。

そんなこんなで、アカデミズムの枠にとらわれず、先人の知識と客観的事実の観察を大事にしながらたどり着いた「心の構造論」が、イデアサイコロジーです。

本書では、この「心の構造論」であるイデアサイコロジーと「人間の構造論」であるヌーソロジーを両輪とし、「人間と心のしくみ」を知ることで、より実践的で具体的、効果的な、あなただけの「目覚めへの道の歩き方」をお伝えしていければと思っています。

「自分と世界をもっと知りたい」「生きがいが欲しい」「幸せになりたい」「目覚めようとさまざまな努力をしてきたけれども、自分が進めているのかどうかいまひとつ分からない」という方に、少しでも生きる希望と「目覚めへの道」を進んでいる手応えを感じていただけたら嬉しいです。

また、本書をさらに分かりやすく楽しく読んでいただくために、第1章からイデアサイコロジーのキャラクターのルピカとイオ、アオイトリにも参加してもらおうと思います。文章とともに、キャラクターたちの説明も楽しんでいただければ幸いです。

ルピカ

笹の舟に乗って旅をしている女の子。「ほんとうの自分」を探している。

イオ

ルピカが旅の途中で出会った猫。この世界と心の謎に興味を持っている。

アオイトリ

ルピカとイオを導く鳥。「目覚め」へ向かう道を進んでいるときにだけ、姿を現す。

目次

第3章　各エニアグラムタイプの特徴を知ろう

第4章　あなたの6つのフィルターを分析してみよう

第5章　あなたのフィルターの全体像と「目覚め」に近づく方法

第6章 「目覚め」とは行きて帰りし物語

第 1 章

人間ってそもそも何なの？

直線的な宇宙と円環的な宇宙

本書は「目覚め」の具体的、実践的な方法をお伝えしていくのがもっとも大きな目的ですが、それにはまず、「目覚め」とは何なのかを知ることが必要ですよね。そして、「目覚め」とは何なのかを知るためには、「そもそも人間とはどういう存在なのか」ということを明らかにすることが必要になってきます。

ここではまず、ヌーソロジーの観点から「人間とはどういう存在なのか」ということをお話ししていきましょう。

私たちが学校で教わるのは、「約138億年前にビックバンが起き、そこから宇宙が膨張し続けて、星の大爆発によってできたガスやちりの渦から約46億年前に地球が生まれた。そして何億年もかけて、海中の微生物から人間に進化した」というストーリーですよね。

でも、ヌーソロジーでは「宇宙はビックバンで生まれた」わけでも、「人間が進化で生まれた」わけでもないと考えます。宇宙は最初から宇宙で、人間は最初から人間だったと。

つまり、宇宙はビックバン宇宙論のように直線的な時間で一方通行的に動いているのではなく、2つの時代を繰り返しながら円環的な時間の流れで動いていると考えるんですね。

その2つの時代を、ヌーソロジーでは「調整期」と「覚醒期」と呼びます。次ページの下の図のように、1つの時代は6500年、さらに調整期・覚醒期のペアが2つで2万6000年を1つの周期として見ます。そして、この図でいうと、いま私たちは2013年から始まった覚醒期に入ったばかりの地点にいるということになります。

直線的な宇宙

Big bang!!
私たちはこっちを
当たり前
と考えているよね

ヌーソロジーでは？：円環的な宇宙

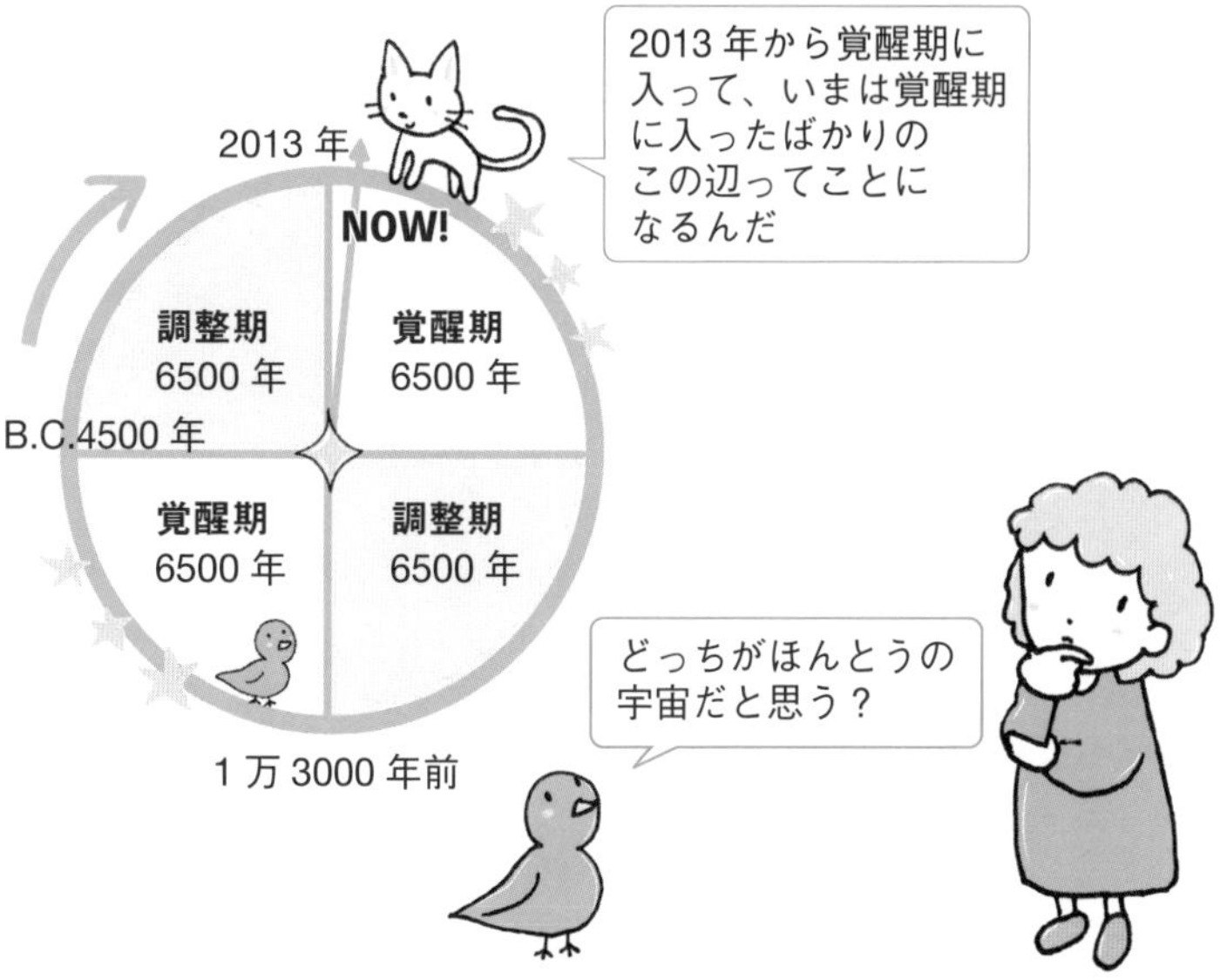
2013年から覚醒期に
入って、いまは覚醒期
に入ったばかりの
この辺ってことに
なるんだ
2013年
NOW!
調整期
6500年
覚醒期
6500年
B.C.4500年
覚醒期
6500年
調整期
6500年
1万3000年前
どっちがほんとうの
宇宙だと思う？

実は科学の基盤も揺らいでいる ―虚数の謎―

「科学しか信じないのも違うと思うけど、そこまでかけ離れちゃうとなあ……」

そう感じられた方もいらっしゃるかもしれません。証拠がないですからね。でも、実は科学も突き詰めていくと、存在の根本は明確には分かっていないんです。

いま、科学では物質の最小単位は素粒子だと言われています。たとえば、水は化学式では「H_2O」と表され、水素原子2つと酸素原子1つで作られています。原子の中にある原子核には陽子と中性子がありますが、この陽子はアップクォーク2つとダウンクォーク1つでできているんですね。このクォーク、そして、原子核の周りを回っている電子などを素粒子と呼びます。この素粒子に関する理論はいろんな技術やコンピューターなどにも使用されていますね。

この素粒子を数学的に表すときに使用するのが複素数（$z = x + yi$）で、これは実数と虚数（i）で成り立っています。実数とは、この時空に存在するものを記述するのに使う数で、1、2、3、4、5、……（整数）とか、小数、分数、ルートのついた数とかですね。そして、虚数というのは2乗してマイナスになる数です。

「2乗してマイナス？　そんな数ないでしょ？」と思いますよね。

そう、プラス同士は掛けてもプラスだし、マイナス同士も掛けたらプラスになってしまいます。それでも理論上「2乗してマイナスになる」という定義がされているのが、この世界には存在しない数、虚数です。どうしてそんな虚数なんて概念を使ったのかというと、この素粒子を数学的に説明するためにどうしても必要だったからなんです。

素粒子とは何か

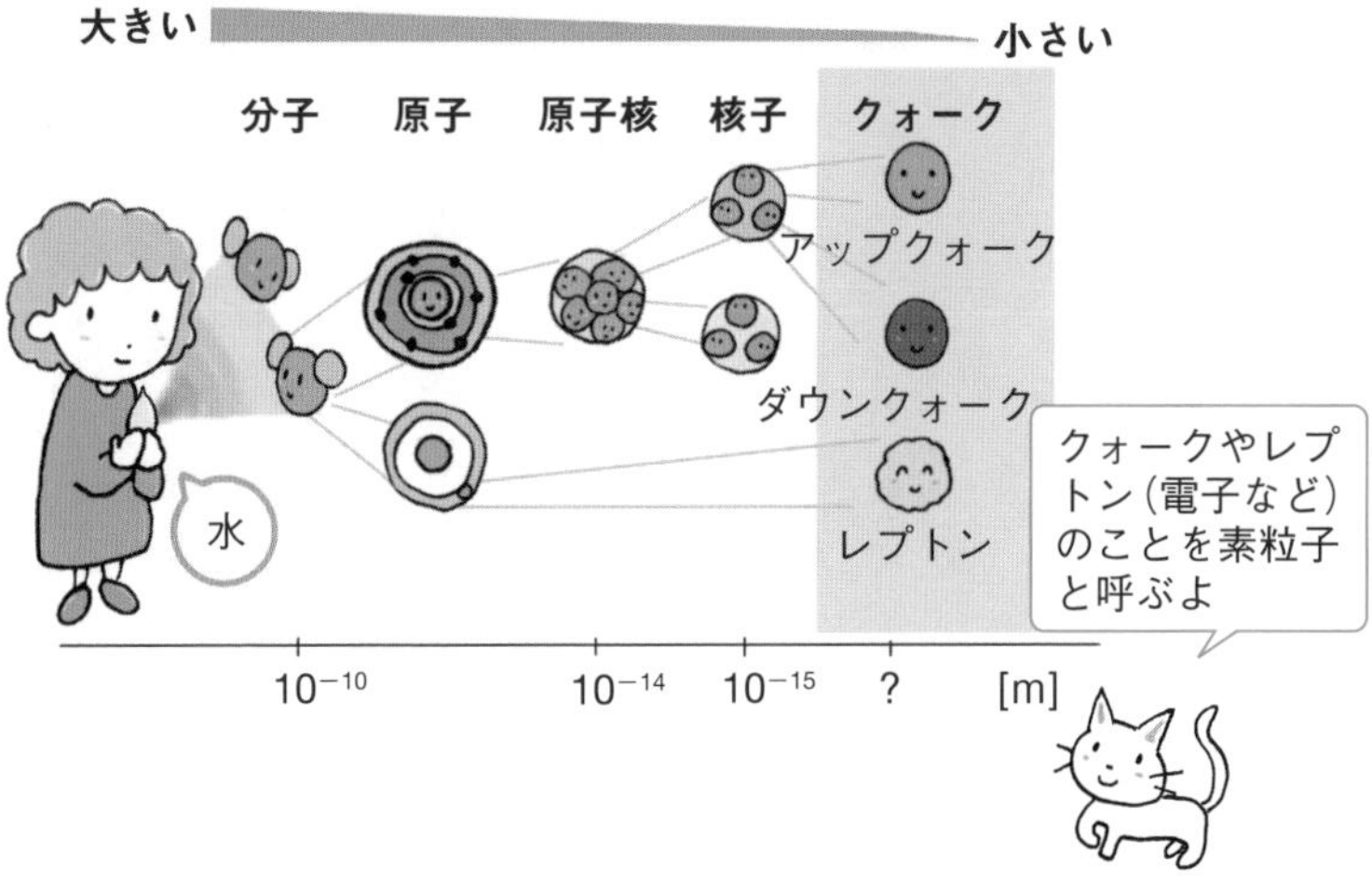
大きい
小さい
分子
原子
原子核
核子
クォーク
アップクォーク
ダウンクォーク
レプトン
水
10⁻¹⁰
10⁻¹⁴
10⁻¹⁵
?
[m]
クォークやレプトン(電子など)のことを素粒子と呼ぶよ

素粒子と虚数の正体は？

(+1)×(+1)=+1
(−1)×(−1)=+1
➡ ○×○=−◉？？？
２乗してマイナスになる数なんてないよ !?
z = x + yi
i = √−1
素粒子の正体は誰も分かっていないの
複素数
虚数

数学者や物理学者たちは、普通にこの虚数を使って素粒子を記述しているわけですが、2乗してマイナスになることの意味を分かって使っている人は、誰もいないのではないでしょうか。ただ、それを使うとうまく説明できるし、技術的にもコンピューターなどに応用できているからというだけで使っているように思えます。

物理学者たちは「素粒子の手前までは実体があって、素粒子になると途端に虚数の世界に入ってしまう」と考えているかもしれませんが、普通に考えて、その根本の粒子に実体がないのであれば、その集合体にも実体がないと考えるのが自然ですよね。レゴの一欠片が実体のないモノならば、そのレゴで作った家も実体がないモノになるはずです。

つまり、この世のすべての物質の基礎である素粒子は、この時間と空間の世界には存在し得ないものだし、その正体は誰も分かっていない。それが私たちが生きているこの世界の実際のところなのです。

そして、この大きな謎を、「素粒子（虚数）＝意識」とすることで、物理学や数学、哲学とも整合性を取りながら説明できる理論がヌーソロジーなんですね。１００％証明することはまだできませんが、単に思いつきで言っているわけではなくて、きちんと数学的・物理学的な裏付けは取れる考え方になっています。科学を全否定するのではなく、「含みつつ超える」を目指さなければいけないという姿勢を大事にしているんですね。

科学も実はその基盤が揺らいでいるとすれば、その「揺らぎ」を説明できる他の考え方を「科学的でない」と一蹴するのではなく、一度理解しようとしてみるのが、ほんとうに科学的な立場と言えるのではないでしょうか。そういう感じで、本書も読み進めていただけると嬉しいです。

私たちの世界や身体すべてが実体のないもの？

この世界っていったい何なんだろう。正体が分からない素粒子でできているなんて……

ヌーソロジーでは「素粒子（虚数）＝意識」

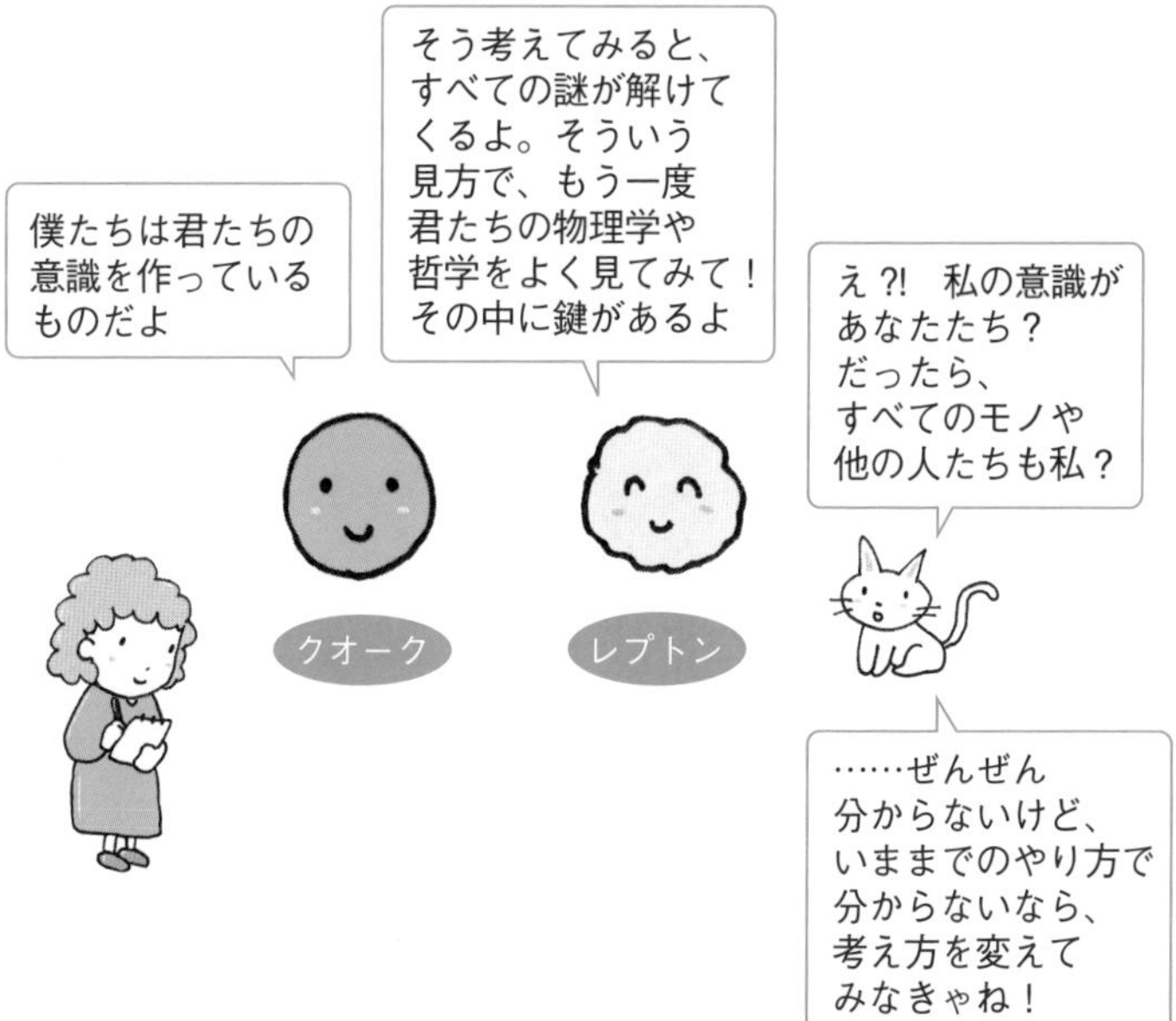
僕たちは君たちの意識を作っているものだよ
そう考えてみると、すべての謎が解けてくるよ。そういう見方で、もう一度君たちの物理学や哲学をよく見てみて！その中に鍵があるよ
え？！　私の意識があなたたち？だったら、すべてのモノや他の人たちも私？
クオーク
レプトン
……ぜんぜん分からないけど、いままでのやり方で分からないなら、考え方を変えてみなきゃね！

意識進化しなかったアトランティス人がいまの人間？

では、ヌーソロジーの人間観の話に戻りますね。

あなたは「アトランティス文明とムー文明」について、聞いたことがあるでしょうか？　哲学者プラトンなどが著書で言及したと言われる高度な超古代文明のことですよね。アカデミズムではおとぎ話として相手にされませんが、ヌーソロジーでは「アトランティス・ムー文明は存在した」と考えます。

そして、このアトランティス・ムー文明が、私たち人類がいままでたどって来た「調整期」の歴史以前に存在した「覚醒期」の文明だとするんですね。つまり、1万3000年前から6500年前まで存在した文明ということになります。

現在の科学では「意識とは何か」「死とは何か」という問題は解明不可能とされていますが、ヌーソロジーでは、そのような問題が解明されるのが「覚醒期」だとしています。この「覚醒期」に、意識とは何かを根本から理解する人のことをヌーソロジーでは「変換人」と呼びます。「アトランティス・ムー」でいえば、「変換人」はムー人のことであるとされています。

また「覚醒期」には、すべての人が意識について根本から理解するわけではなく、その根本的な意味は分からないまま知識として技術的に使用しているだけという人たちも出てきます。これらの人たちが「アトランティス人」であり、次の「調整期」で再度人間となっていくというのがヌーソロジーのストーリーになっています。

つまり、前「覚醒期」に意識について理解して進化しなかった「アトランティス人」たちが、現在の私たち人類だということなんですね。

アトランティス文明とムー文明

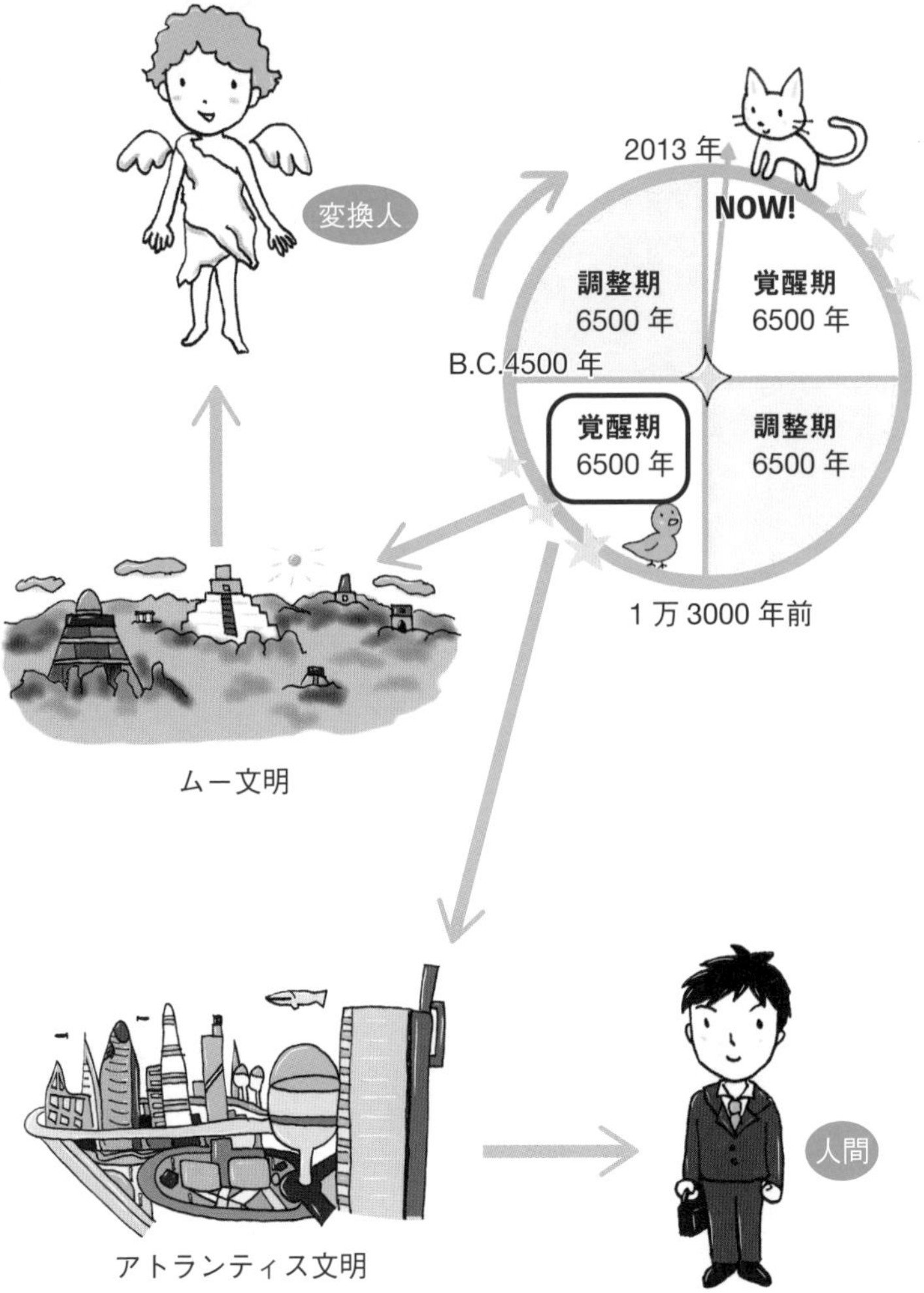
変換人
2013年
NOW!
調整期
6500年
覚醒期
6500年
B.C.4500年
覚醒期
6500年
調整期
6500年
1万3000年前
ムー文明
アトランティス文明
人間

宇宙の輪廻―「目覚め」とは「変換人になること」―

「じゃあ、変換人はどうなるの？」ということも気になりますよね。

変換人は、「覚醒期」が終わると、それまでの受動的に宇宙を与えられて生かされていた立場から、能動的に宇宙と人間を創造する立場の「ヒト」という存在に変わっていきます。そして、そこで今度は人間の意識進化を促す働きをしていくのですが、またその６５００年が終わるとさらなる上位の存在に変わっていきます。それを永遠に繰り返すのが、ヌーソロジー的「宇宙の輪廻《りんね》」です。

でも、その宇宙の生成の流れを止め、進化に逆行するような働きをするものも存在します。それをヌーソロジーでは「スマル」と呼びます。こう言ってしまうと「えー、スマル？　こわい！」と感じる方もいらっしゃるかと思いますが、実は「スマル」も宇宙が輪廻を繰り返し、進化していくために必要な歯車のひとつだったりするんです。

つまり「変換人」「人間」「スマル」の３つの存在がそろうことで、はじめて宇宙が正常に進化していくというのが、ヌーソロジーの考え方です。

さて、私たちはいま「覚醒期」に入ったばかりのところにいます。ヌーソロジーでは、「２０３９年から本格的に覚醒期が始まる」としていて、２０１３年から２０３９年までは、「人間のままでいるのか」「変換人になるのか」「スマルになるのか」の選択期間だと考えます。基本的には、この3つの道のうち、どの道を進むかは個人の自由ですし、どれが正しい、間違っているというのはありません。ただその中でも、この「変換人になる」ということが、ヌーソロジーでは「目覚め」ということになるんですね。

意識進化はどう進むの？

	前調整期 約1万9500年前～1万3000年前	前覚醒期 約1万3000年前～6500年前（紀元前約4500年）	今回の調整期 紀元前約4500年～2012年まで
ムー人	人間	変換人	ヒト
アトランティス人	人間	人間	人間
現人類			↓ 人間

進化の歯車にどの立場で関わるかは個人の自由

人間
変換人
XII
III
2023
2
12
9
スマル
どの立場で進化の歯車に関わるかはその人の自由なんだ。どれが正しいというのはなくて……
でも、目覚めるということは変換人になるということなの

6つのフィルターをクリアすることが「目覚め」への鍵

そして、ここからがいよいよ本書の本題になります。「じゃあ、どうしたら目覚められるの？」ということですね。その話をするためには、「人間の心がどのようにできあがるのか」について見ていく必要があります。

「覚醒期」に進化しなかったアトランティス人たちは、「調整期」に入るとすべての記憶を失って、人間の身体として生まれてきます。この一個の身体として生まれることによって、人間は自動的に次の「6つのフィルター」を身につけてしまうことになります。

（1）遺伝的影響のフィルター
（2）占星術的影響のフィルター
（3）エニアグラムタイプのフィルター
（4）乳幼児期・児童期の経験のフィルター
（5）中学生以降の経験のフィルター
（6）3次元的空間認識のフィルター

人間は、この6つのフィルターを通して人生におけるさまざまな出来事・情報を判断し、そこから感情・思考・感覚などが生じることによって、それぞれの人生を形作っていきます。

イデアサイコロジーでは、この6つのフィルターをクリアすること、つまり、個々のフィルターを意識化しコントロール可能にすることが「目覚め」につながると考えています。

※「フィルターをクリアする」という表現は、一般的な使い方ではありませんが、本書では「フィルターを意識化しコントロール可能にすること」の意味で、「フィルターをクリアする」という表現を使っています。

人間は生まれると６つのフィルターを身につけてしまう

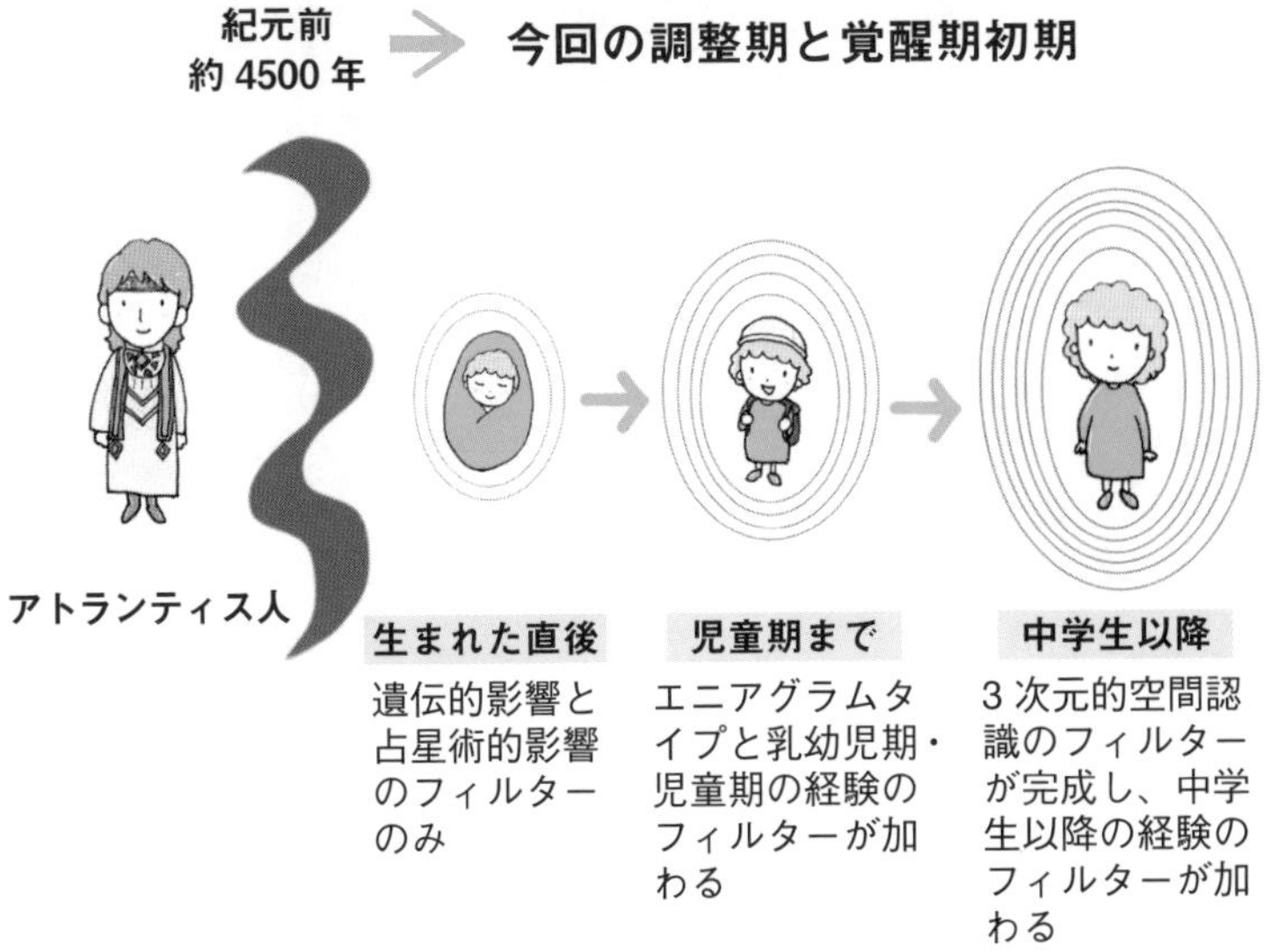
紀元前
約 4500 年
今回の調整期と覚醒期初期
アトランティス人
生まれた直後
遺伝的影響と占星術的影響のフィルターのみ
児童期まで
エニアグラムタイプと乳幼児期・児童期の経験のフィルターが加わる
中学生以降
3 次元的空間認識のフィルターが完成し、中学生以降の経験のフィルターが加わる

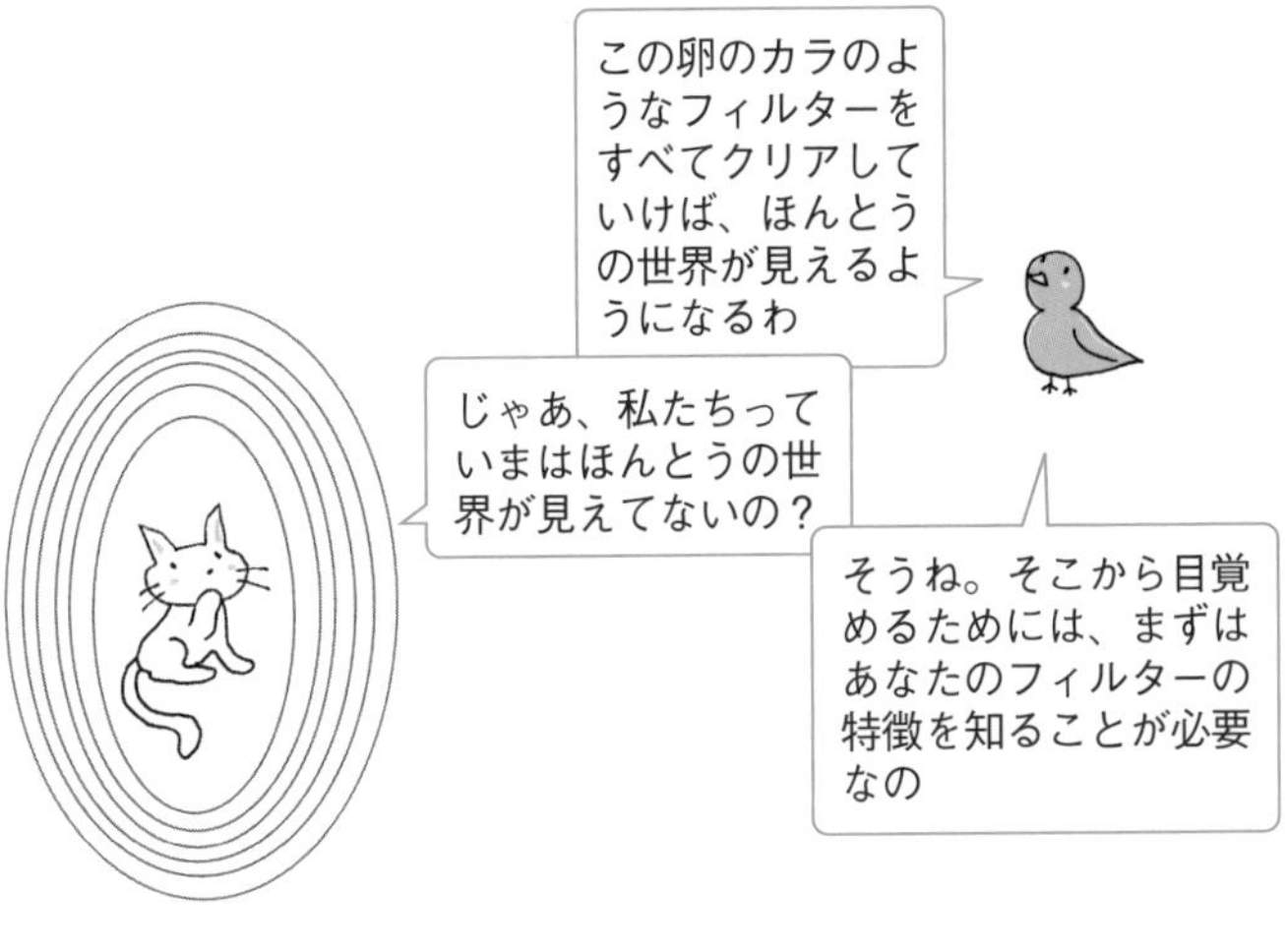
この卵のカラのようなフィルターをすべてクリアしていけば、ほんとうの世界が見えるようになるわ
じゃあ、私たちっていまはほんとうの世界が見えてないの？
そうね。そこから目覚めるためには、まずはあなたのフィルターの特徴を知ることが必要なの

3次元的空間認識のフィルターをクリアするための方法論がヌーソロジー

「それは分かったけど、(6)の3次元的空間認識ってどういうこと?」と思う方も多いですよね。ちょっと説明しますね。

たとえば、生まれたての赤ちゃんは、自分が身体であるとも認識していないし、母親のことも「お母さんだ」と分かっているわけではないですよね。そして、「宇宙というものがあって、その中の地球という星の日本という国の○○県○○市の住宅街にある一軒家のリビングにいる自分」という認識も当然していません。

このような客観的な3次元的空間認識は、ある程度成長すればほとんどの人が身につける認識法ですが、これは「身体を持った自分と、別の身体を持った他者」がいるからこそ生じてくるものです(これについては第2章で詳しくお話しします)。そして、この3次元的空間認識の仕方が、現在の科学的、資本主義的世界観・価値観の大もとになっています。

実は、このフィルターをクリアするための方法論がヌーソロジーなんです。3次元的空間認識というのは人類共通のものなので、このフィルターをクリアするには、まずヌーソロジーを知識として学習することが必要になります。

次ページのヘキサチューブル(球の中に正6面体が入っているもの)とヌースコンストラクション(3つの球が重なっているもの)の図は、ヌーソロジーが意識の構造を表すために使用しているものです。この本でお話ししている6つのフィルターは、ヌーソロジーでは厳密にはこのような形をしていると考えています。この形が細部からどのように構成されているのかを把握していくことが、「3次元的空間認識のフィルター」をクリアすることになるんですね。

3次元的空間認識って何？

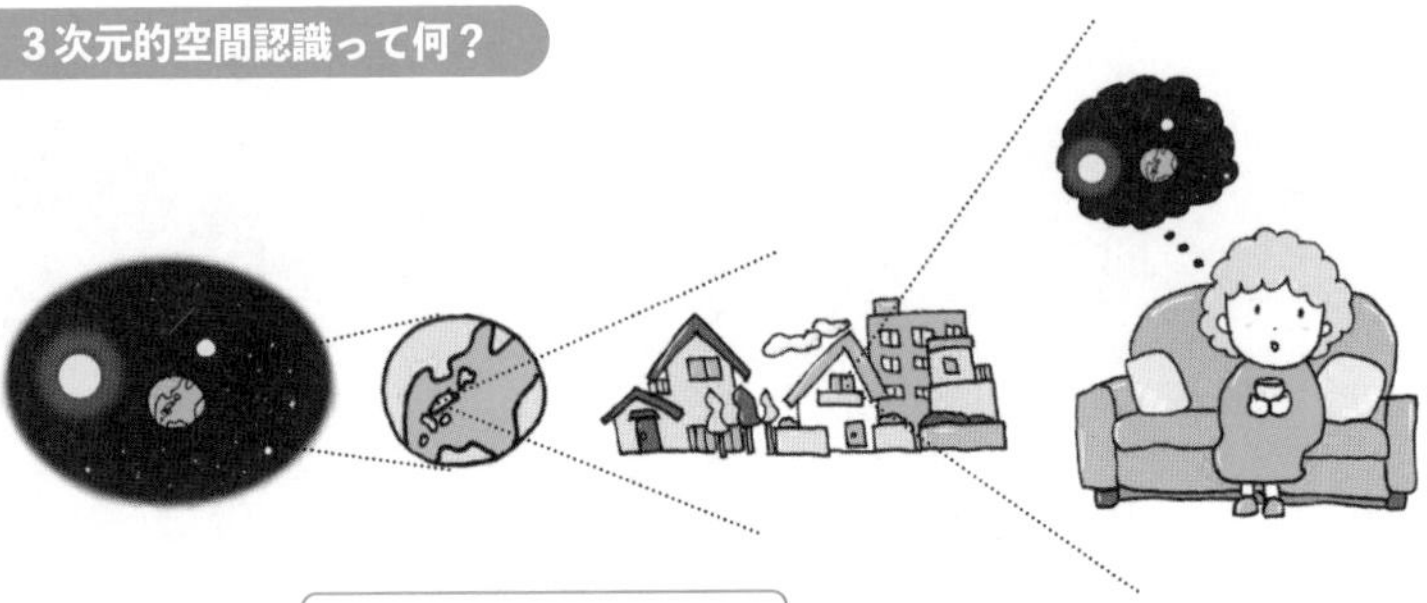

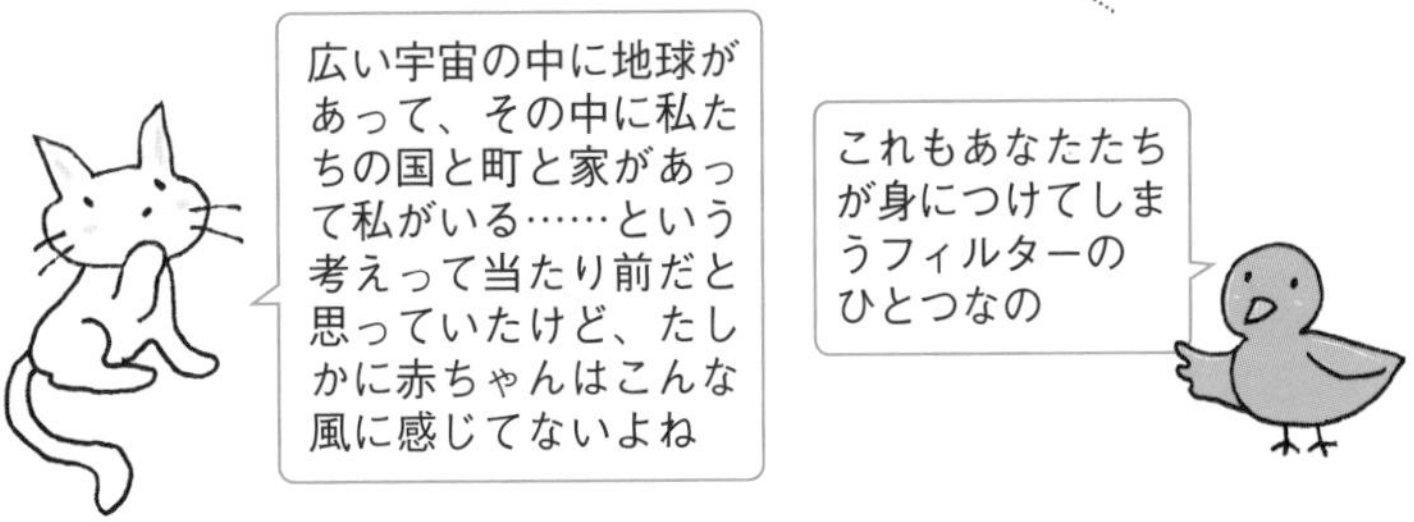
広い宇宙の中に地球があって、その中に私たちの国と町と家があって私がいる……という考えって当たり前だと思っていたけど、たしかに赤ちゃんはこんな風に感じてないよね
これもあなたたちが身につけてしまうフィルターのひとつなの

ヘキサチューブルとヌースコンストラクション

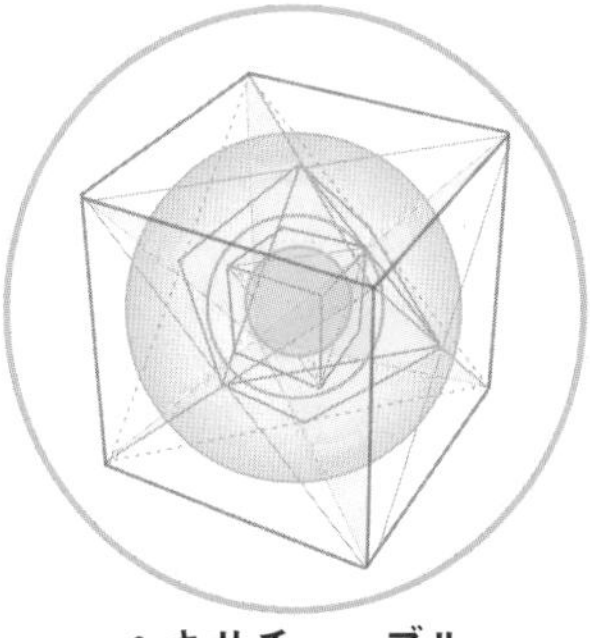

ヘキサチューブル

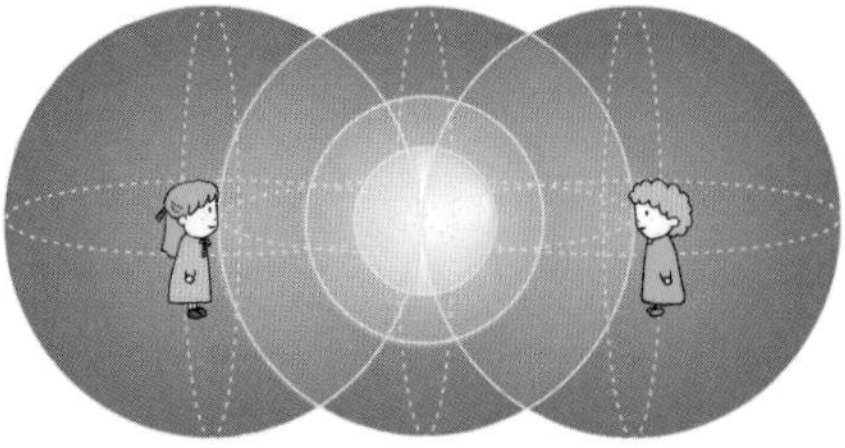

ヌースコンストラクション

何これ？
6つのフィルターは本当はこんな形をしているの

「変換人・人間・スマル」は6つのフィルターのクリア度で決まる

さて、「目覚め」の話に戻りますね。ここまで「目覚める」＝「変換人になる」ためには6つのフィルターをクリアすることが必要だとお話ししてきました。では、逆にフィルターがクリアできないとどうなるのでしょうか。

それが、先ほどお話しした「人間とスマル」ということになります。

「変換人・人間・スマル」のフィルターのクリア度（フィルターをどれだけ意識化しコントロールできているかの度合い）やさまざまなパターンについては第6章で詳しくお話ししますが、ここで簡単に言うと、クリア度が中程度なら人間、クリア度が低い（フィルターが厚く濃いイメージ）とスマルになるということになります。

つまり、クリア度が低いと6つのフィルターの影響が大きくなり、それによって自分の行動が左右されてしまい、逆にフィルターにコントロールされる状態になってしまうんですね。

反対にクリア度が高ければ、意識して自分でフィルターをコントロールできるようになるため、それを才能や長所として使い社会で活躍することも、他者と共感し深い絆を築くことも可能になります。

本書は「目覚め」のための手法をお伝えすることが目的ではありますが、実はフィルターをクリアすることは、実生活で幸せな人生を送るために必要なことでもあるんです。ぜひ自分と向き合いながら読み進め、「目覚め」と「幸せな現実生活」の両方を手に入れてくださいね。

「変換人・人間・スマル」のフィルターのイメージ

変換人
人間
スマル

変換人は仕事も恋愛もうまくいく

フィルターをクリアすれば仕事や恋愛・結婚・子育てなどもすべてうまくいくなんて、いいね！
そうね。ただ、人間の現実生活にはフィルターを濃くしてしまうようなトラップがたくさんあるの。トラップに引っかからないためにも、フィルターの特徴を知ることが大切よ

第 2 章

6つのフィルターって
どうやってできるの？

フィルターのしくみを知るには、まず作られ方を知ろう

さて、第1章では「人間とは、進化しなかったアトランティス人たちが調整期になって再度身体と6つのフィルターを与えられ存在しているもの」「目覚めとは6つのフィルターをクリアすること」というお話をしてきました。

「じゃあ、具体的には何をすればいいの？ 早く聞かせて！」と思う方もいらっしゃいますよね。

でも、「目覚め」の具体的方法を知るためには、まず「6つのフィルターのしくみ」を知らないといけないんです。そうじゃないと、自分では「目覚めへの道」を進んでいるつもりでも、知らず知らずにトラップにハマってフィルターを濃くしてしまう可能性があるんですね。そして、そのしくみを知るには、それがどのように作られるのかを知ることが必要になってきます。

ということで、第2章では「6つのフィルターがどのようにして作られるのか」について、私たちの身体が作られる瞬間から時系列に沿って見ていきましょう。

はじめに「遺伝的影響のフィルター」、次に「占星術的影響のフィルター」、そして「エニアグラムタイプのフィルター」、「乳幼児期・児童期の経験のフィルター」、「中学生以降の経験のフィルター」と続けて、最後に「3次元的空間認識のフィルター」の順番でお話ししていきます。

MEZAME

遺伝的影響の作られ方

まず、最初に作られるのが「遺伝的影響のフィルター」です。

人間の身体は、男性の精子と女性の卵子が受精することによって、細胞分裂を繰り返しながら形作られていきます。そして、その精子と卵子の中にある染色体を構成する遺伝子が引き継がれるという現象を、遺伝といいます。つまり、私たちの身体が物質的に作られることによって、同時に「遺伝的影響のフィルター」が作られるんですね。

普段生活しているときには、遺伝的影響のことなんてあんまり考えないですよね。でも、現在のアカデミズムでも言われていることですが、遺伝的影響というのは非常に大きいものなんです。

顔や身体の特徴はもちろん、性格特性（外向的か内向的か、神経質かどうか、集中力・忍耐力の有無など）から、ＩＱや運動能力、芸術的才能、数学的才能、身体的・精神的な病気や発達障害にも関係してきます。

私たちは普段、占星術なら占星術だけ、エニアグラムならエニアグラムだけで自分や周囲の人たちの性格を捉えてしまいがちですし、占星術師やエニアグラムの研究者でも遺伝の影響を考えている方はあまり見受けられません。けれども、イデアサイコロジーでは、臨床経験や研究、観察から、遺伝の影響はエニアグラムタイプ、親子関係の影響とともに、非常に大きいものとして重要視しています。

遺伝的影響から生じる特性

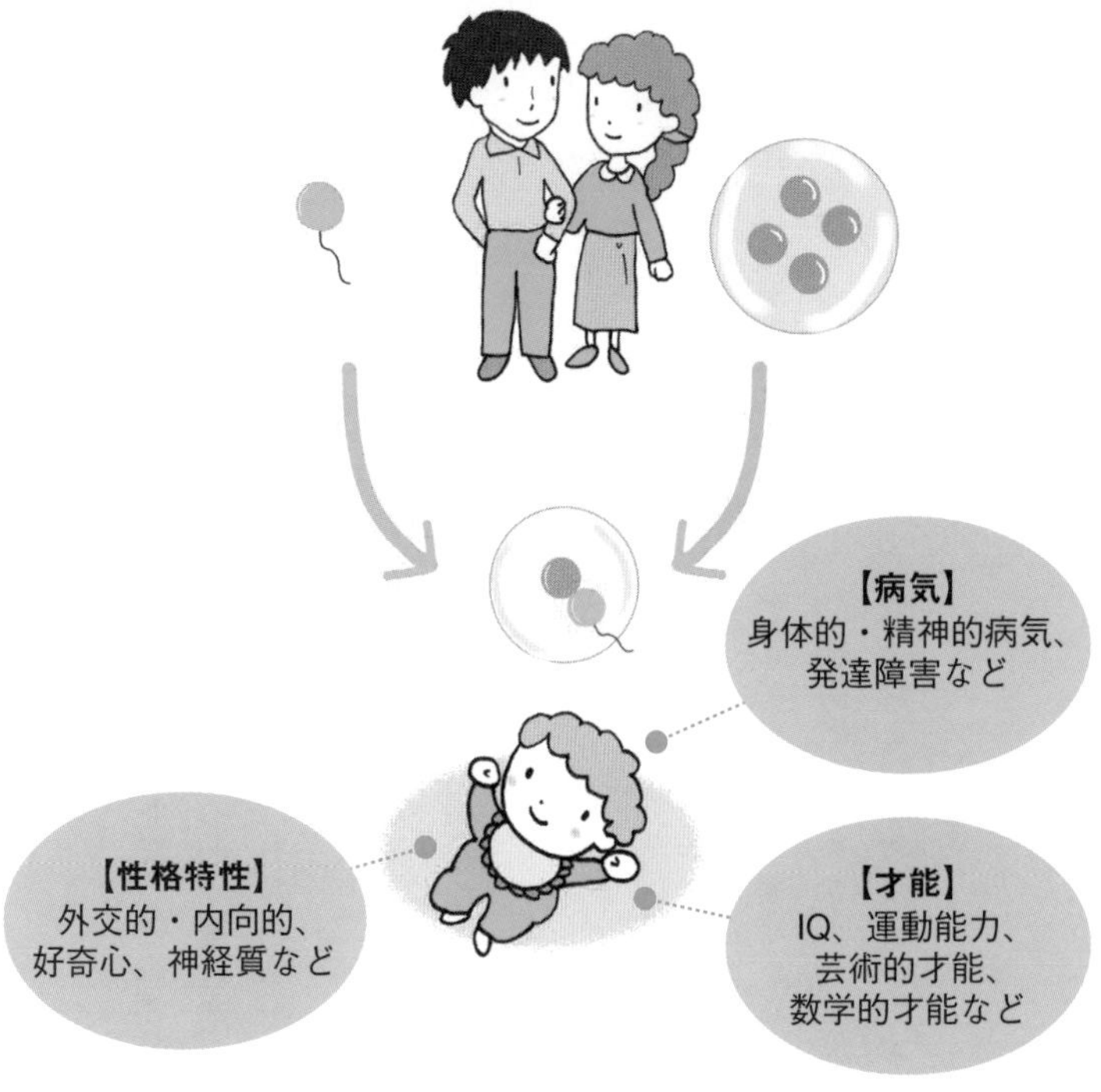
【病気】
身体的・精神的病気、
発達障害など
【性格特性】
外交的・内向的、
好奇心、神経質など
【才能】
IQ、運動能力、
芸術的才能、
数学的才能など

占星術的影響の作られ方

そして、2番目に作られるのが「占星術的影響のフィルター」です。

アカデミズムでは占星術は研究対象とはされませんが、イデアサイコロジーでは、個人セッションのデータや観察・研究から、性格や人生の傾向に大きな影響を及ぼすものとして捉えています。

一般的に、西洋占星術では生まれた瞬間の太陽・月、その他の惑星の配置が、その人の性格や人生に影響すると考えます。でも、科学的に考えれば、生まれた瞬間の星の配置と人間の性格や人生なんて、何の関係もないものですよね。

ですが、ヌーソロジーで考えるとまったく捉え方が変わってきます。第1章で、ヌーソロジーでは素粒子（虚数）を意識と捉えるとお話ししましたが、厳密に言うと、虚数を使って表される「素粒子が意識の構造そのものである」と考えます。そして、その素粒子構造と素粒子が集まってできる原子構造が、マクロ方向に反転して投影されたものが太陽系構造なんですね。

つまり、もし、このヌーソロジーの考え方で考えるとするならば、意識構造と太陽系構造は同じものの裏表ということになります。

そして、ヌーソロジーでは、へその緒を切った瞬間にお母さんから切り離され個体としての生が始まると考えるので、その瞬間の太陽系全体の特性がその個体の意識の特性に反映されることになるんですね。このようにして「占星術的影響のフィルター」が作られるとイデアサイコロジーでは考えています。

占星術と性格の関係

星の配置と性格って関係あるのかな……
太陽系ってほんとうは何だと思う？

太陽系と原子は同じもの

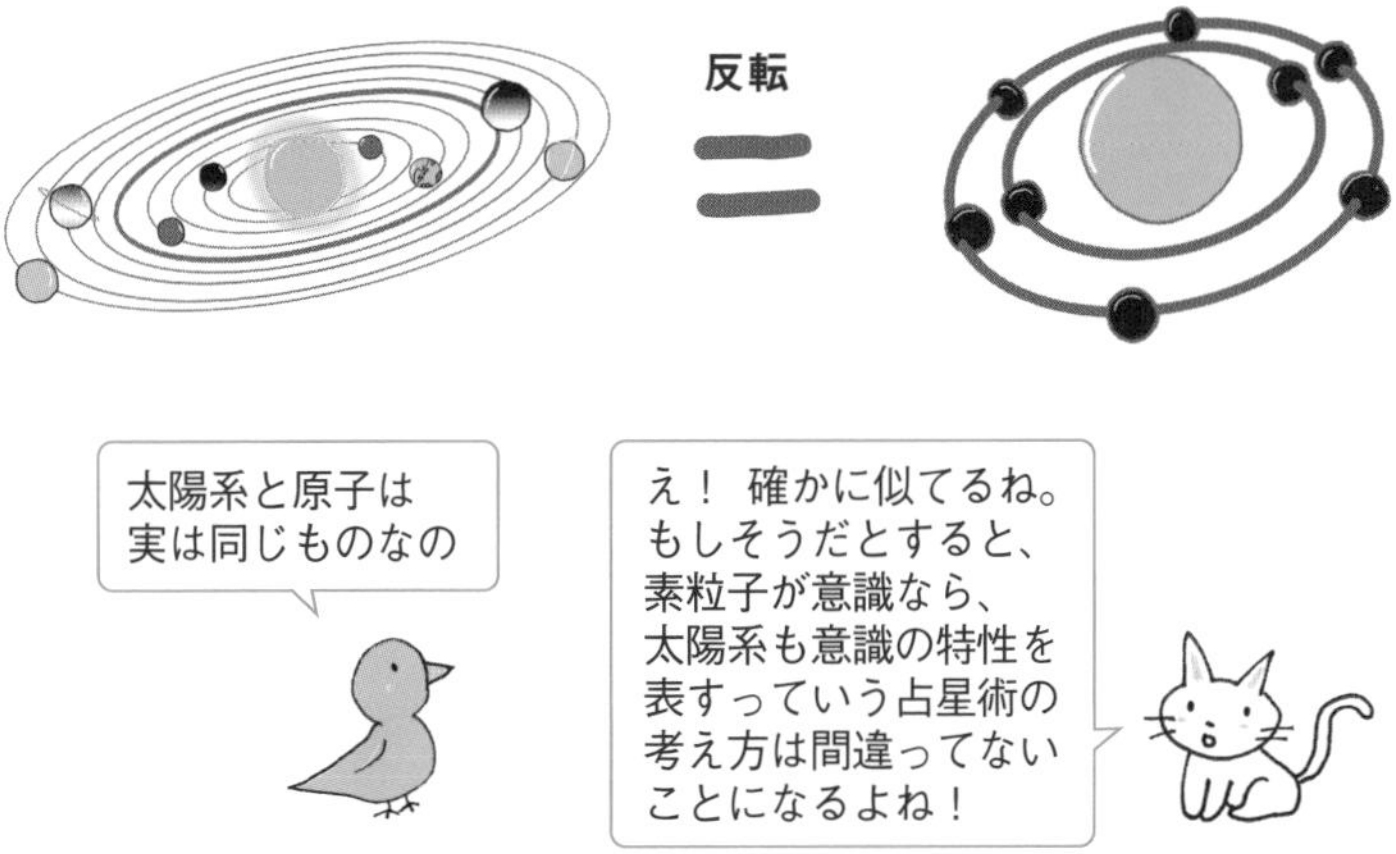
反転
太陽系と原子は実は同じものなの
え！ 確かに似てるね。もしそうだとすると、素粒子が意識なら、太陽系も意識の特性を表すっていう占星術の考え方は間違ってないことになるよね！

エニアグラムタイプの作られ方

　3番目に作られるフィルターは、「エニアグラムタイプのフィルター」になります。このエニアグラムタイプの作られ方の話で、いよいよイデアサイコロジーの核心部分に迫っていきます。

　イデアサイコロジーでは、「エニアグラムタイプとは乳幼児期の親子関係によって作られるその後の世界の認知様式である」と考えています。「え？　どういうこと？」と思う方も多いですよね。

　さらに説明すると、赤ちゃんは自分の安全を守るために、乳幼児期に経験したことから、その後の経験を判断する基準を作るシステムを持ちます。これはもちろん赤ちゃんが意識的に作るものではなく、無意識のうちに作られるものです。この「自己防衛のために作られる世界の判断基準がエニアグラムタイプである」ということなんですね。つまり、「エニアグラムタイプのフィルター」は乳幼児期の親子関係における経験によって作られるものということになります。

　さて、エニアグラムタイプには次の9種類があります。

タイプ1：裁判官「自分のルールを守りたい人」
タイプ2：看護師「いい人と思われたい人」
タイプ3：実業家「優位に立ちたい人」
タイプ4：芸術家「存在確信を得たい人」
タイプ5：研究者「世界を把握したい人」
タイプ6：営業マン「みんなに好かれたい人」
タイプ7：芸人「楽しい雰囲気にしたい人」
タイプ8：教祖「人を動かしたい人」
タイプ9：庭師「平和を維持したい人」

タイプ1 裁判官「自分のルールを守りたい人」

タイプ2 看護師「いい人と思われたい人」

タイプ3 実業家「優位に立ちたい人」

タイプ4 芸術家「存在確信を得たい人」

タイプ5 研究者「世界を把握したい人」

タイプ6 営業マン「みんなに好かれたい人」

タイプ7 芸人「楽しい雰囲気にしたい人」

タイプ8 教祖「人を動かしたい人」

タイプ9 庭師「平和を維持したい人」

イデアサイコロジーでは、精神分析の創始者である心理学者フロイトの意識発達理論を背景に、この9つのタイプの作られ方を説明しています。

フロイトは、乳幼児期を口唇期（0〜1歳半）、肛門期（1歳半〜3歳）、男根期（4〜6歳）という3段階に分けて考え、各段階の中で、もっとも子供が強い印象を受けた経験からその後の性格が作られるとするんですね。

イデアサイコロジーではこれを受けて、子供はこの3段階のそれぞれで「欲求不満・満足・不安」の3つの経験をすると考え、この3段階×3つの経験で9つのタイプの作られ方を説明しています。つまり、「どの段階のどの経験がその子供にとってもっとも強い印象となっているか」でタイプが決定されるということです。

「え〜、そんな赤ちゃんのときのこと、覚えてないよ」と思う方もいらっしゃいますよね。とくに0歳から1歳の頃の記憶なんて持っている方はほとんどいないです。エニアグラムタイプは、記憶に残っている経験ではなく、無意識のうちに経験された感覚をもとに作られるものですから、自分の記憶や親の話からタイプを判定することは基本的には難しいということになります（タイプ判定の方法については第4〜5章でお話しします）。ここでは、タイプ判定のためではなく、人間の自我の作られ方と各タイプの特徴をよりつかんでいただくために、各タイプの作られ方をお伝えしたいと思っています。

では、さっそく各タイプの作られ方を詳しく見ていきましょう。通常は順番通りタイプ1から説明するのが一般的ですが、ここでは時系列に沿って、作られる順番の早いタイプ（0〜1歳半の口唇期における欲求不満の経験から作られるタイプ5）からお話ししていきますね。

乳幼児期の３つの発達段階

口唇期：母乳を吸うことに欲求や衝動が向かい、
口唇周辺の感覚が快不快を決定します。

↓

肛門期：トイレットトレーニングに欲求や衝動が向かい、
肛門の感覚が快不快を決定します。

↓

男根期：性器に欲求や衝動が向かい、
性器の感覚が快不快を決定します。

乳幼児期の３段階×３つの経験

	欲求不満	満足	不安
男根期 ４～６歳	タイプ２ （看護師）	タイプ６ （営業マン）	タイプ１ （裁判官）
肛門期 １歳半～３歳	タイプ８ （教祖）	タイプ３ （実業家）	タイプ７ （芸人）
口唇期 ０～１歳半	タイプ５ （研究者）	タイプ９ （庭師）	タイプ４ （芸術家）

乳幼児期の親子関係で、こんなにはっきりと性格が分かれるんだね！面白そう！

どの段階のどの経験がその子供にとってもっとも強い印象となっているかでタイプが決定されるの

タイプ5の作られ方　研究者「すべてを把握して安全と感じたい人」

まず、タイプ5が作られる口唇期（0〜1歳半）の子供の意識状態についてお話ししましょう。

口唇期では、子供の意識はすべてのものと一体化した状態から、「自分と自分じゃないもの」に分かれていきます。私たち大人は「自分＝身体」と当たり前のように感じていますが、口唇期の子供にはそういう感覚はまだなく、ぼんやりとした「快不快などの感覚の総体」のようなものを自分と感じているんですね。ですから、親やおもちゃなども「自分以外の何か」としか認識していません。

そのような意識状態の口唇期の子供は、「自分じゃないものと一体化すること」が自分の安全や安定のためにもっとも重要だと感じます。具体的には、「飲み込む」「お母さんに抱かれて安心する」ということが、口唇期の子供にとっ

口唇期の世界

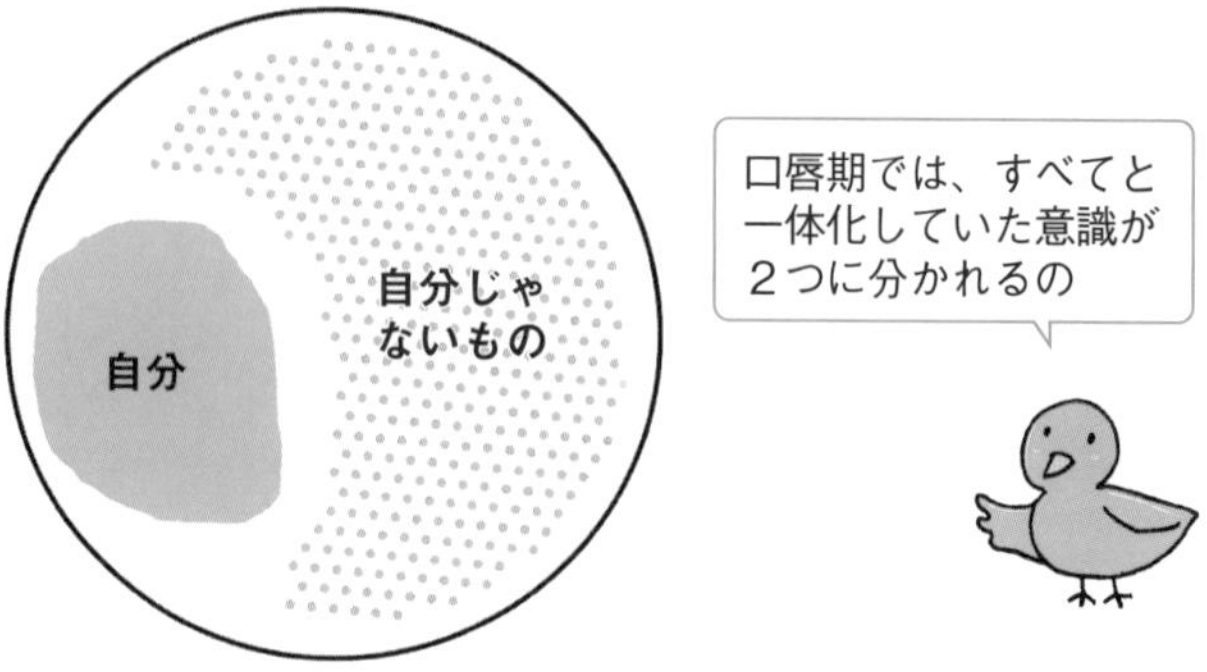
自分
自分じゃないもの
口唇期では、すべてと一体化していた意識が２つに分かれるの

ては一体感を感じられることになります。

　でも、お母さんがイライラや不安を感じていたりすると、子供は一体感を感じることができません。この口唇期の「一体化したいのにできない」という欲求不満の経験が大きく影響して、その後の世界の判断基準が作られるのがタイプ5です。

　もう少し詳しく言うと、そのような欲求不満の経験から「飲み込めない自分」「一体化できない自分」という自己イメージと、「飲み込めないもの」「自分を受け入れてくれないもの」という他者イメージができあがり、それをもとに成長後の情報判断の基準が作られることになります。

　つまり、タイプ5は、この口唇期の「自分と自分じゃないもの」の世界観で「一体化できなかった」経験をもとに、無意識に「他者を飲み込むことができない自分というイメージ」と「自分にとって飲み込めないものである他者という

タイプ5を作る経験

お母さんがイライラしていると飲み込めない……
自分じゃないものを飲み込みたいのに飲み込めないという経験がタイプ5を作るんだね

イメージ」からなるフィルターを作ってしまい、それをそのまま成長後も使用して世界を判断していきます。

成長後は「自分じゃないもの」は「抽象的な世界や社会・環境全体」という形で個人に感じられるようになるので、タイプ5は、自分の生存を守るために懸命に「抽象的な世界や社会・環境全体」を飲み込もうとします。

これが、具体的には、「世界を知識として取り込むこと」「世界の構造や法則を探り出すこと」「それによって世界を説明・予測すること」の快感としてタイプ5には感じられるようになるんですね。

タイプ5のフィルター

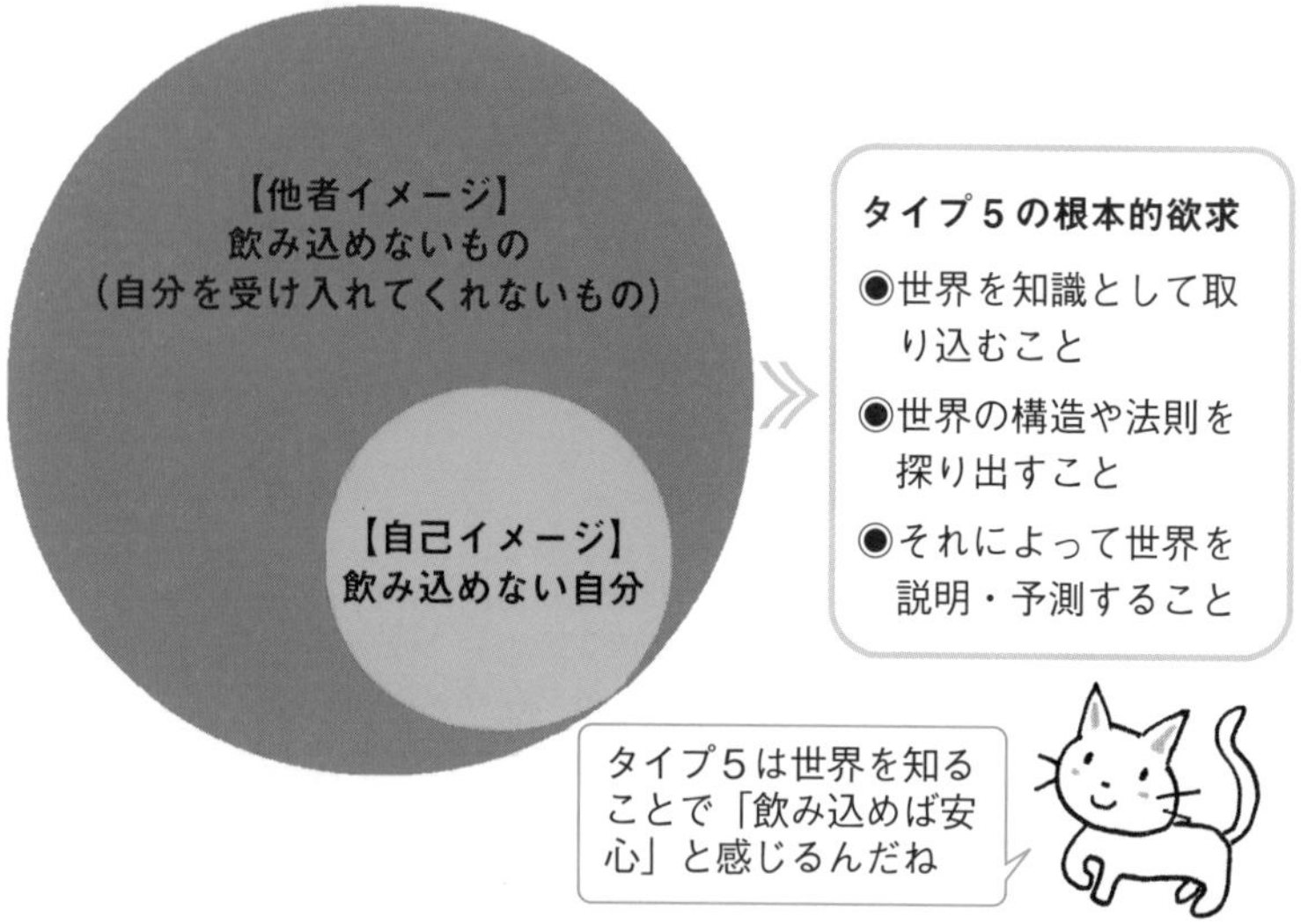
【他者イメージ】
飲み込めないもの
(自分を受け入れてくれないもの)
【自己イメージ】
飲み込めない自分
タイプ5の根本的欲求
◉世界を知識として取り込むこと
◉世界の構造や法則を探り出すこと
◉それによって世界を説明・予測すること
タイプ5は世界を知ることで「飲み込めば安心」と感じるんだね

タイプ4の作られ方　芸術家「ここにいていいと感じたい人」

タイプ4は、口唇期（0～1歳半）の不安の経験をもとにして作られるタイプです。

先ほど、口唇期では「すべてと一体化するために、飲み込みたい」という欲求が生じるとお話ししましたが、その反動として「自分が飲み込まれて消えてしまう」という不安も湧いてくるんですね。たとえば、お腹が空いたり、おむつを変えて欲しいときに、いくら泣いても誰も来てくれないという経験からこのような不安が生じてきます。

この口唇期の「自分が自分じゃないものに飲み込まれて消えてしまう不安」が大きく影響して、その後の世界の判断基準が作られるのがタイプ4です。

そこから「消えてしまう不安を持つ自分」という自己イメージと、「自分を飲み込んでしまうもの」という他者イメージが作られ、そのイ

タイプ4を作る経験

泣いても放っておかれると……

自分じゃないものに
飲み込まれて、自分が消えてしまうという不安がタイプ4を作るんだね
飲み込まれちゃう！

メージを通してさまざまな情報を判断するようになります。

つまり、タイプ4は、この口唇期の「自分と自分じゃないもの」の世界観で「自分が消えてしまう」という不安を感じる経験をもとに、無意識に「消えてしまう自分というイメージ」と「自分を飲み込んでしまう他者というイメージ」からなるフィルターを作ってしまい、それをそのまま成長後も使用して世界を判断していくんですね。

すると、タイプ4は自分を守るために自分が消えないこと、つまり「ここにいていい」「ここにいる」という実感を求めるようになります。これは、成長後には、「個性的であること（存在価値があること）」「他人との深い絆を感じること」「自分の感情や感覚を感じること」などの快感として感じられます。

タイプ4のフィルター

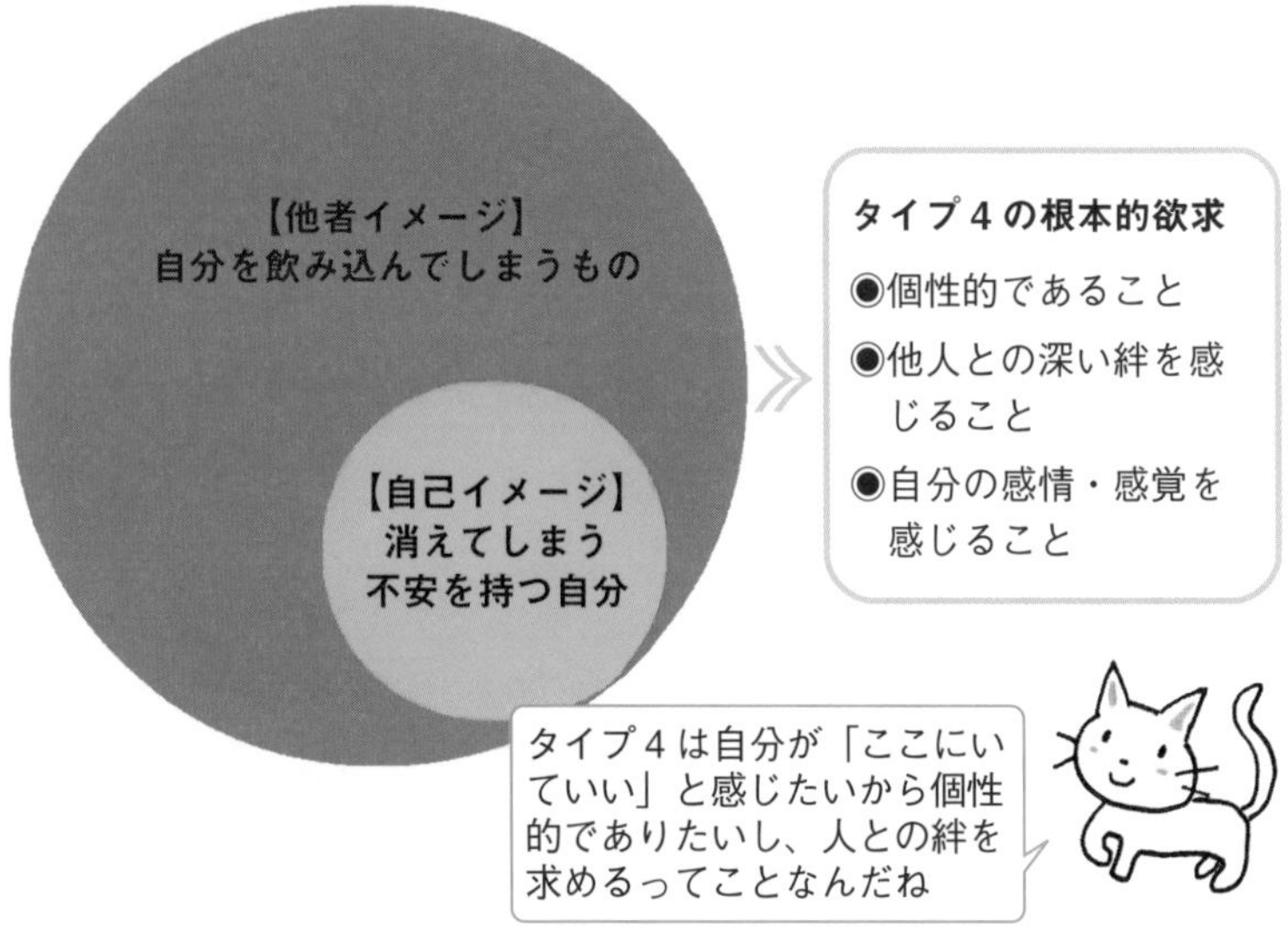
【他者イメージ】
自分を飲み込んでしまうもの
【自己イメージ】
消えてしまう
不安を持つ自分
タイプ４の根本的欲求
◉個性的であること
◉他人との深い絆を感じること
◉自分の感情・感覚を感じること
タイプ４は自分が「ここにいていい」と感じたいから個性的でありたいし、人との絆を求めるってことなんだね

タイプ9の作られ方　庭師「自分と周囲が常に平和だと感じたい人」

タイプ9は、口唇期（0～1歳半）の満足の経験をもとに作られるタイプです。

口唇期では「すべてと一体化したい」という欲求の追求が自分の安全を保つためにもっとも重要なこととして認識されますが、タイプ9は、その欲求が満たされた経験が大きく影響して、その後の世界の判断基準が作られます。

そこから「すべてと一体化している自分」「受け入れられている自分」という自己イメージと、「自分を受け入れてくれているもの」という他者イメージができあがり、それを通して、その後の世界のさまざまな情報を判断することになります。

つまり、タイプ9は、この口唇期の「自分と自分じゃないもの」の世界観で「すべてと一体化した満足感」を感じる経験をもとに、無意識に「すべてと一体化して受け入れられている自

タイプ9を作る経験

お母さんが安定していると
安心して一体化できる

分というイメージ」と「自分を受け入れてくれる他者というイメージ」からなるフィルターを作ってしまい、それをそのまま成長後も使用して世界を判断していくんですね。

するとタイプ9は、自分を守るために、その一体化の状態を常に維持したいと感じるようになります。これは、成長後には、「自分と周囲の人たちや環境に、常に何も問題がない平和な状態を保ちたい」という欲求として感じられます。このような「周囲の環境の調和を保つ」という性質から、イデアサイコロジーではタイプ9を「庭師」と名付けています。

タイプ9のフィルター

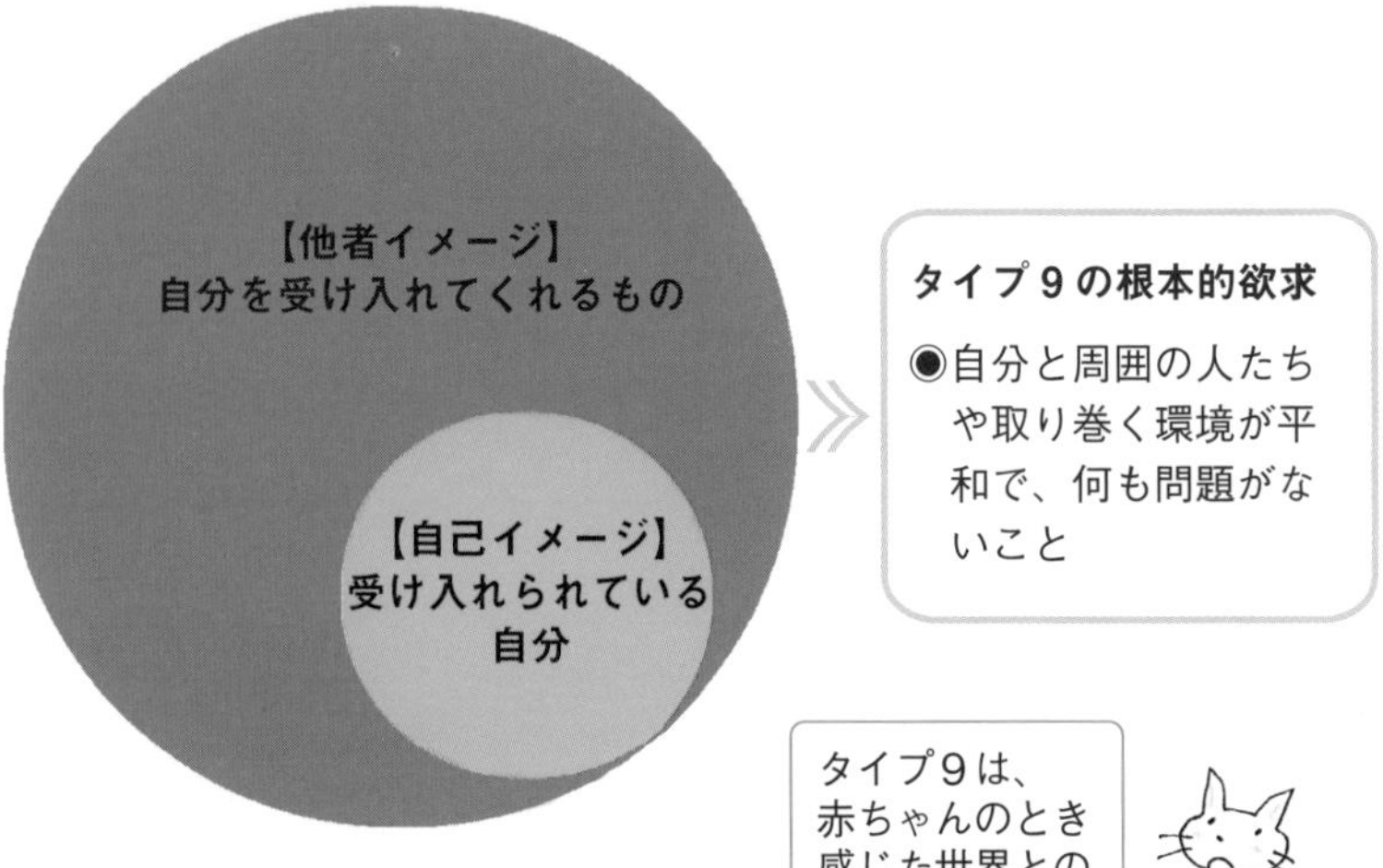
【他者イメージ】
自分を受け入れてくれるもの
【自己イメージ】
受け入れられている
自分
タイプ9の根本的欲求
◉自分と周囲の人たちや取り巻く環境が平和で、何も問題がないこと

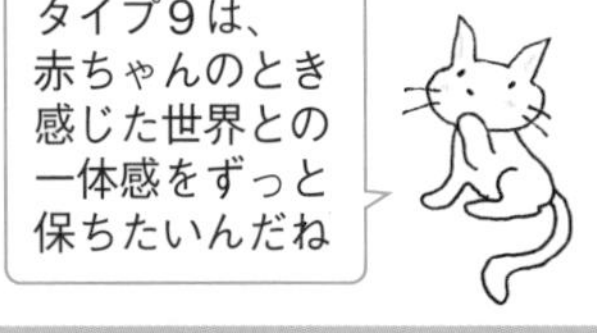
タイプ9は、
赤ちゃんのとき
感じた世界との
一体感をずっと
保ちたいんだね

タイプ8の作られ方　教祖「周囲の人を動かしたい人」

タイプ8は、肛門期（1歳半〜3歳）の欲求不満の経験をもとに作られるタイプです。

まずは、肛門期の子供の意識状態からお話ししますね。口唇期の子供の「自分」はぼんやりとした快不快などの感覚の総体としての自分でしたが、肛門期に入ると、自分を「身体」として認識し始めます。同様に、お母さん、お父さん、兄弟姉妹などのことも「身体」として認識するようになるんですね。ですから、肛門期の子供の意識世界は「自分の身体と他人の身体」の世界となります。

そして、この段階の子供は、「身体 対 身体」の世界で「自分が注目され、中心的存在であること」「優れていると認められること」が自分の安定や安全を保つために重要なことと感じるんですね。

肛門期の世界

自分の身体
他者の身体
「自分＝身体」っていう認識ができてきて、お父さん・お母さんのことも身体と認識するようになるの。肛門期は「身体 対 身体の世界」なのねでも、たとえば子供が自分で服を着たり、積み木を積み上げたりしたときに親があまり反応しないと、この「注目され、優れていると認められたい」という欲求が満たされません。この肛門期の欲求不満の経験が大きく影響して、その後の世界の判断基準が作られるのがタイプ8になります。

このような欲求不満の経験から「世界の中心になろうとしたけれどなれなかった自分」という自己イメージと、「自分を世界の中心と認めてくれないもの」という他者イメージができあがり、それをもとに成長後の情報判断の基準が作られることになります。

つまり、タイプ8は、この肛門期の「身体対身体」の世界観で「優れていると認められなかった」経験をもとに、無意識に「世界の中心と認められなかった自分というイメージ」と「自分を認めてくれない他者というイメージ」とからなるフィルターを作ってしまい、それをそのまま成長後も使用して世界を判断していくんですね。

すると、タイプ8は自分を守るために、周囲の人たちに自分の影響力を示したいと感じるようになります。自分の身体と目の前の他人の身体の相互の力関係が興味の対象になり、その中で自分が上位に立ちたいという欲求が生じてくるんですね。これは成長後には、「自分が他人を動かすこと」「他人に影響力を持つこと」「他人に尊敬されること」などの快感として感じられることになります。

タイプ８を作る経験

褒めてもらいたいのに
褒めてくれない……

タイプ８のフィルター

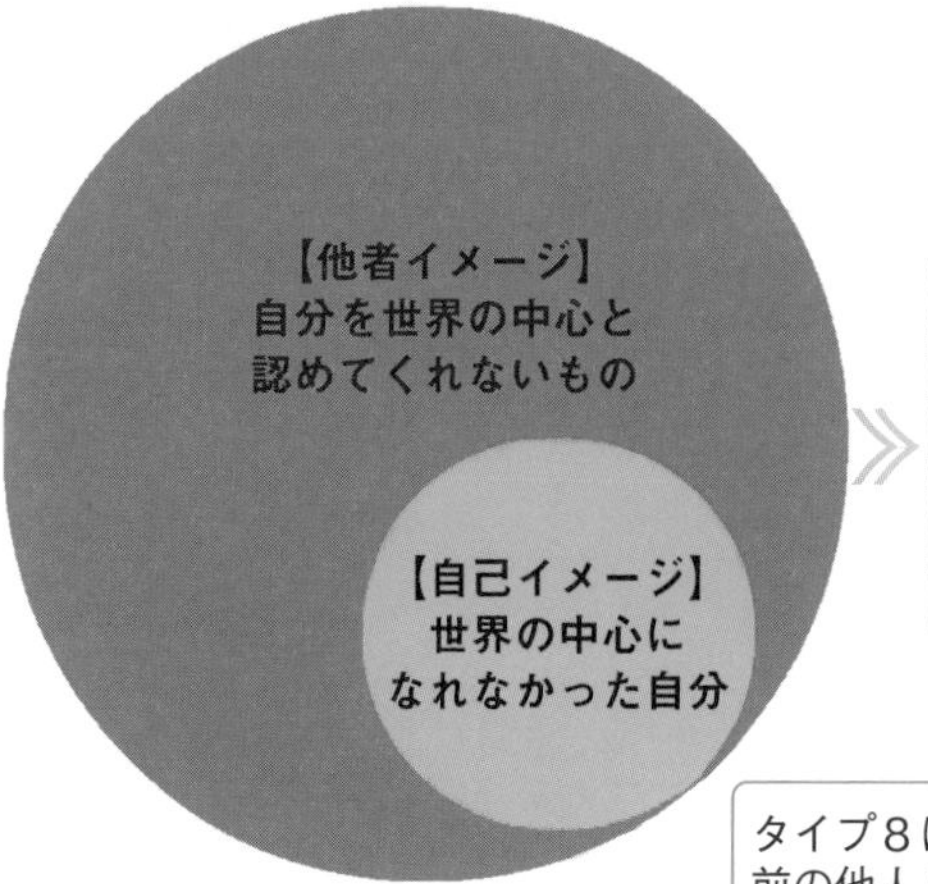
【他者イメージ】
自分を世界の中心と
認めてくれないもの
【自己イメージ】
世界の中心に
なれなかった自分

タイプ８の根本的欲求

◉自分が中心であると他人に思わせること
◉自分が他人を動かすこと

タイプ８は、目の前の他人との力関係で、自分が上と感じたいんだね

タイプ7の作られ方　芸人「楽しい雰囲気にしたい人」

タイプ7は、肛門期（1歳半〜3歳）の不安をもとに作られるタイプです。

肛門期の子供は「注目され中心的存在でありたい」「優れていると認められたい」という欲求の追求が自分の存在を守るためにもっとも重要なことだと捉えますが、逆に、「注目されない」「中心的存在ではない」「優れていると認められない」という不安も生じてくるんですね。たとえば、「いつもひとりで遊んでいた」「両親が自分に関心がないと感じていた」など、周囲に注目されずに心にさみしさを感じる経験から、このような不安が生じます。

この肛門期の「注目されず中心的存在ではないという不安」が大きく影響して、その後の世界の判断基準が作られるのがタイプ7です。

そこから「注目されない不安を持つ自分」という自己イメージと、「自分に注目してくれないもの」という他者イメージが作られ、そのイメージを通してさまざまな情報を判断するようになります。

つまり、タイプ7は、この肛門期の「身体対身体」の世界観で「注目されない」という不安を感じる経験をもとに、無意識に「注目されない自分というイメージ」と「自分に注目してくれない他者というイメージ」からなるフィルターを作ってしまい、それをそのまま成長後も使用して世界を判断していきます。

このような世界観で世界を認識すると、もっとも怖いのは「孤独」な状態となります。すると、タイプ7はこの孤独から自分を守るために、「周囲を楽しい雰囲気にすること」「他人に注目されること・中心的存在になること」「他人を笑わせること」を求めるようになるんですね。

タイプ7を作る経験

誰にも注目されず
さみしい……

タイプ7のフィルター

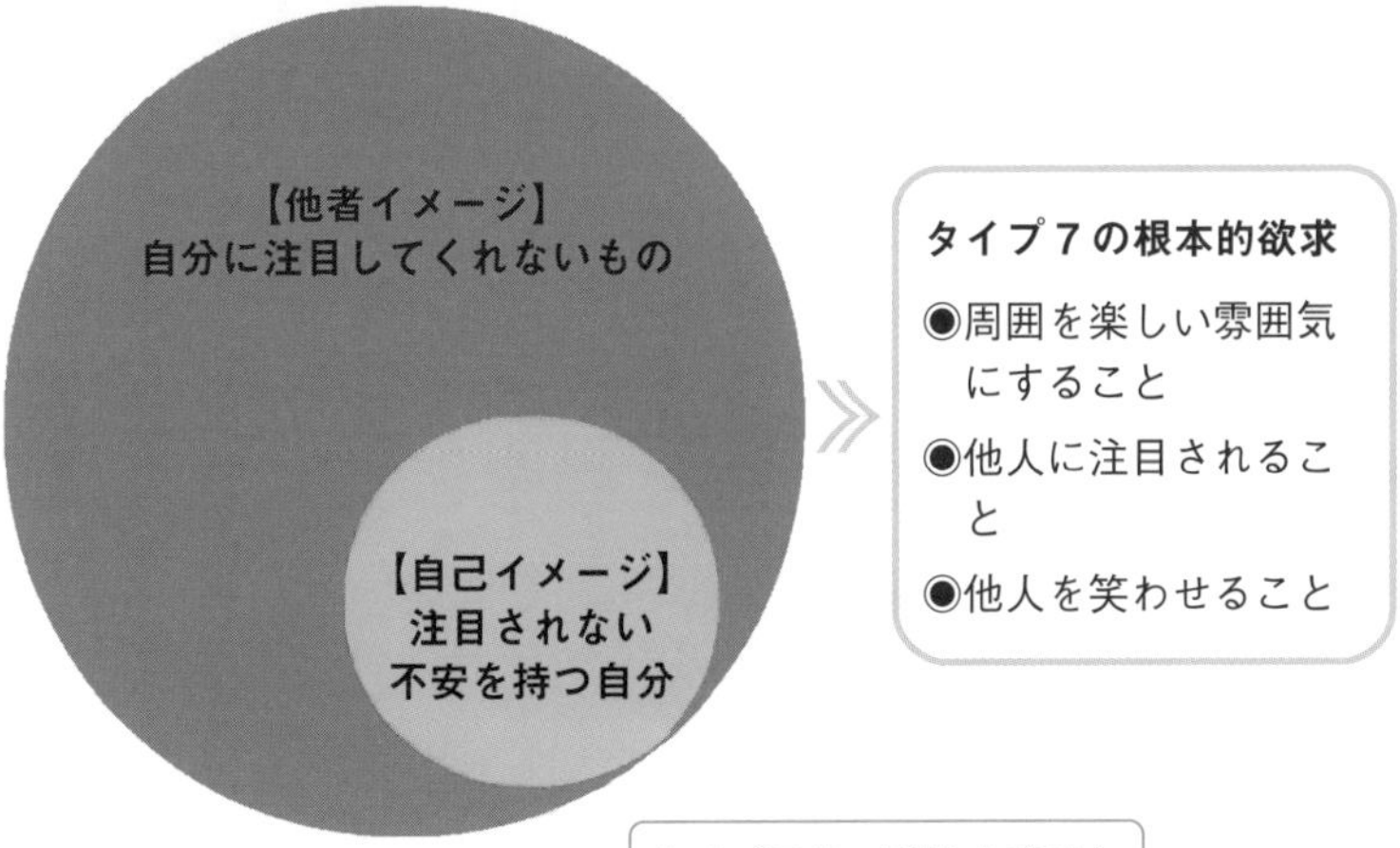
【他者イメージ】
自分に注目してくれないもの
【自己イメージ】
注目されない
不安を持つ自分
タイプ7の根本的欲求
◉周囲を楽しい雰囲気にすること
◉他人に注目されること
◉他人を笑わせること

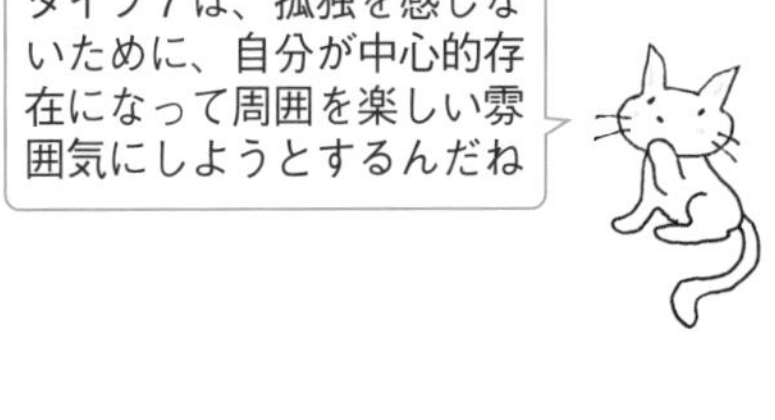
タイプ7は、孤独を感じないために、自分が中心的存在になって周囲を楽しい雰囲気にしようとするんだね

タイプ3の作られ方　実業家「優位な立場に立っていたい人」

タイプ3は、肛門期（1歳半〜3歳）の満足の経験をもとに作られるタイプです。

肛門期では「注目され、優れていると認められたい」という欲求の追求が自分の安全を保つためにもっとも重要なこととして認識されますが、タイプ3は、その欲求が満たされた経験が大きく影響して、その後の世界の判断基準が作られます。たとえば、能力や容姿を褒められたり、常に注目されているという感覚を感じながら育つなどの経験ですね。

そこから「優れている自分」「中心的存在である自分」という自己イメージと、「自分を優れていると認めてくれるもの」「自分を中心的存在だと認めてくれるもの」という他者イメージができあがり、それを通して、その後の世界のさまざまな情報を判断することになります。

つまり、タイプ3は、この肛門期の「身体対身体」の世界観で「優れていると認められた満足感」を感じる経験をもとに、無意識に「優れていると認められた自分というイメージ」と「自分を優れていると認めてくれる他者というイメージ」からなるフィルターを作ってしまい、それをそのまま成長後も使用して世界を判断していくということですね。

するとタイプ3は、自分を守るために、優れていると認められている状態を常に維持したいと感じるようになります。これは、成長後には、「自分の能力や社会的評価、地位などを常に優位に保ちたい」欲求として感じられます。

タイプ3を作る経験

「優秀」と褒められて
自分は中心的存在と感じる

タイプ3のフィルター

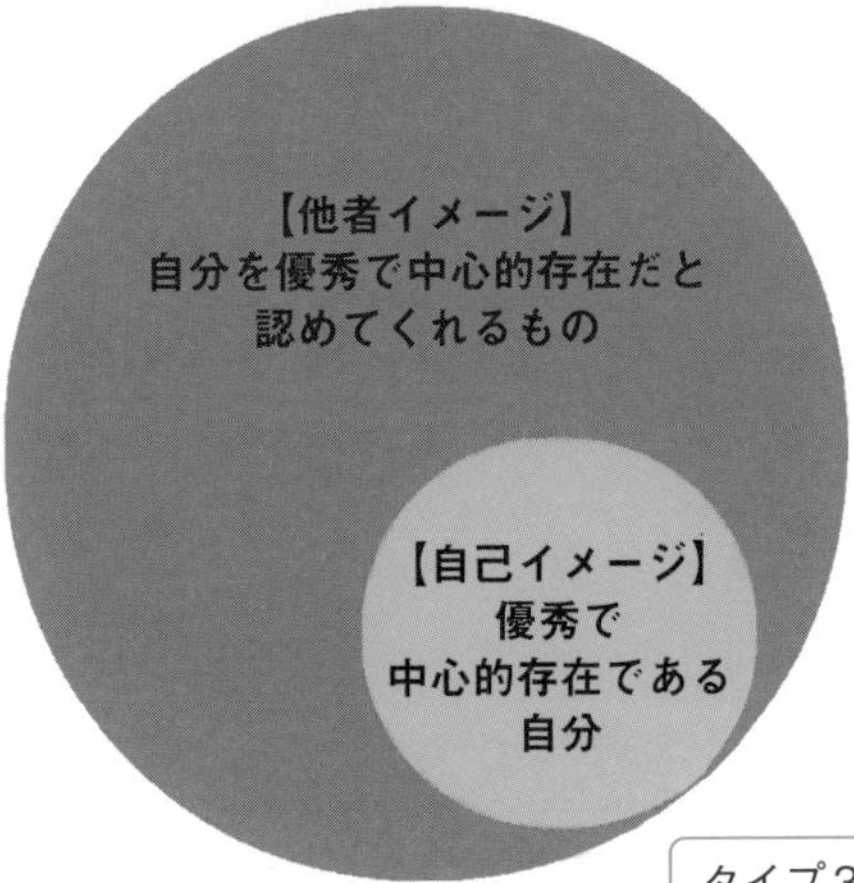

タイプ3の根本的欲求

◉社会的基準や常識で、自分が優秀で中心的存在であると認められること

タイプ3は、子供のとき持った優越感を、成長してもそのまま維持したいと感じるんだね

タイプ2の作られ方　看護師「いい人と思われたい人」

タイプ2は、男根期（4〜6歳）の欲求不満の経験をもとに作られるタイプです。

まずは、男根期の子供の意識状態からお話ししますね。男根期に入ると言葉が発達する時期になり、きちんとした文章を話すようになってきます。肛門期の子供の「自分」は「身体」としての自分でしたが、男根期の子供は、自分には身体だけではなく「心」というものがあるということを認識し始め、今度は「心」という概念を「自分」と認識するようになります。

それまでイメージや感覚で生きていた子供の意識に、言葉や概念というものが入り込んでくるんですね。言葉が持つ概念の力とは、たとえ目の前になくても、それをあるものとして認識させる力です。つまり、言葉の獲得によってさまざまなものごとを他人と共有することができるようになるんですね。

言葉があれば他人とイメージを共有できる

りんご好き？
言葉があれば、そこにないものでもお互いにイメージを共有できるの

感覚やイメージは基本的にはプライベートなものですが、言葉や概念によってものごとを複数の他人と共有することができるようになると、他人がどういう感覚やイメージを持っているのか類推できるようになり、客観的な意識が芽生えてきます。すると、自分だけの快不快や注目されることではなく、複数の他人にとっての「快不快」を考えるようになり、善悪の概念が生じてきます。

そうしてこの段階の子供は、「善悪の概念」の世界で「自分がいい子であると認められること」が自分の安定や安全を保つためにもっとも重要なことと感じるようになります。

でも、たとえば子供がおもちゃを片付けたり、プレゼントを渡したりしたときに親があまり反応しないと、この「いい子と認められたい」という欲求が満たされません。この男根期の欲求不満の経験が大きく影響して、その後の世界の判断基準が作られるのがタイプ2になります。

他人の快不快の理解から善悪の概念が生まれる

このような欲求不満の経験から「いい子と認められなかった自分」という自己イメージと、「自分をいい子と認めてくれないもの」という他者イメージができあがり、それをもとに成長後の情報判断の基準が作られます。

つまり、タイプ2は、この男根期の「善悪の概念」の世界観で「いい子と認められなかった」経験をもとに、無意識に「いい子と認められなかった自分というイメージ」と「自分をいい子と認めてくれない他者というイメージ」からなるフィルターを作ってしまい、それをそのまま成長後も使用して世界を判断していくんですね。

すると、タイプ2は自分を守るために、周囲の人たちにいい子と認められたいと感じるようになります。これは成長後には、「自分が他人にいい人と思われること」「他人の役に立つこと」「他人に感謝されること」などの快感として感じられることになります。

男根期の世界

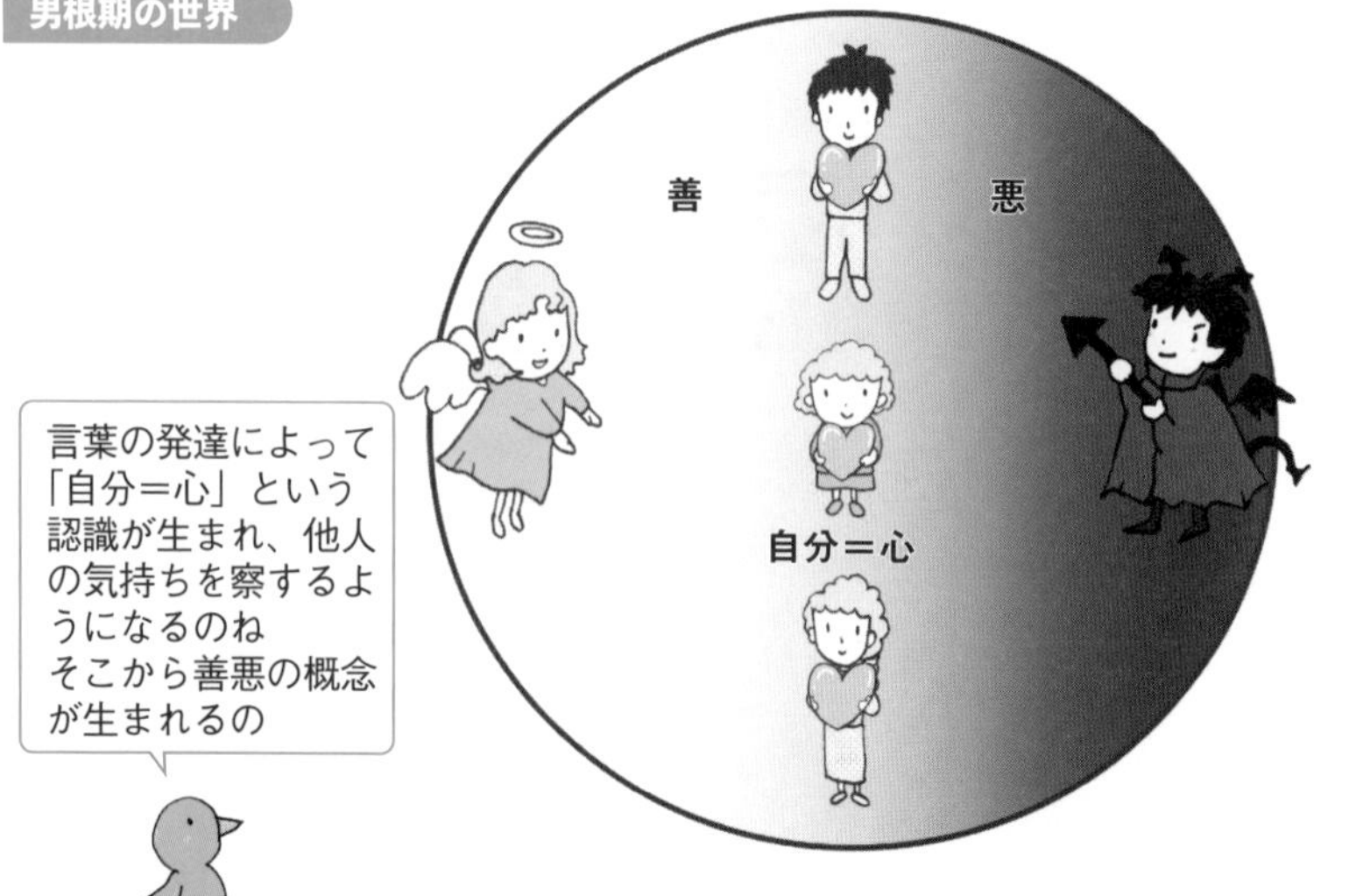
善
悪
自分＝心
言葉の発達によって「自分＝心」という認識が生まれ、他人の気持ちを察するようになるのね
そこから善悪の概念が生まれるの

タイプ2を作る経験

喜ばせようとしたのに
喜ばれなかった……

タイプ2のフィルター

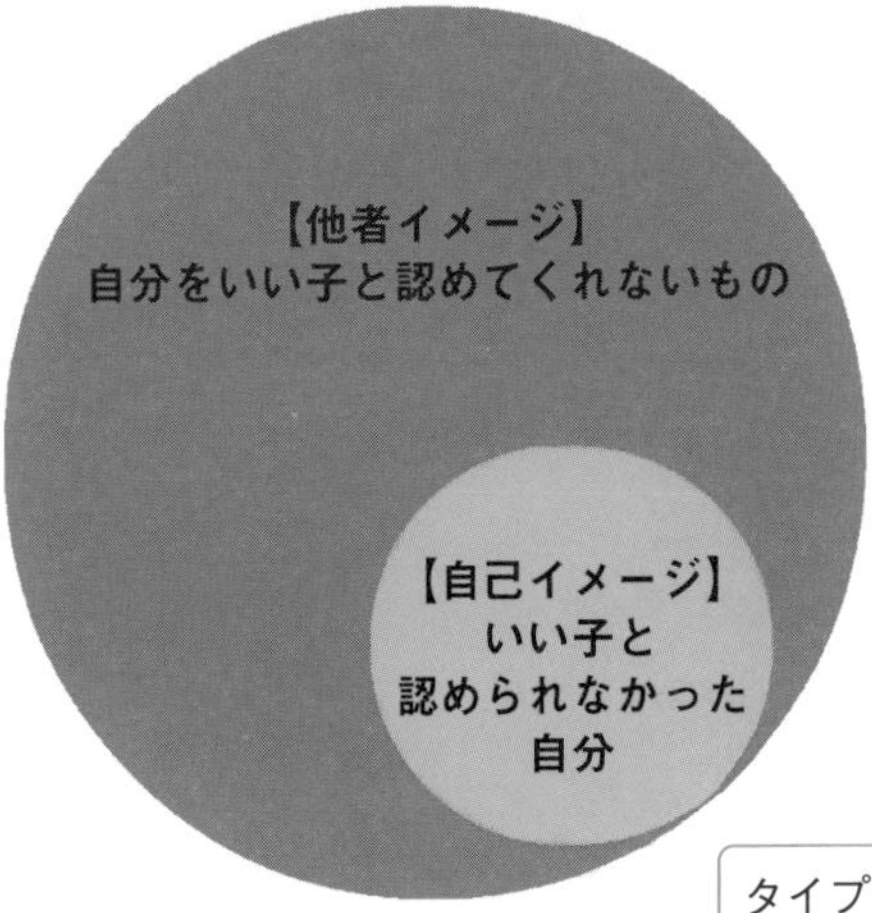

タイプ2の根本的欲求

- ◉自分が他人にいい人と思われること
- ◉他人の役に立つこと
- ◉他人に感謝されること

タイプ2はいい人と認められることで安定を保とうとするんだね

タイプ1の作られ方　裁判官「自分のルールを守りたい人」

タイプ1は、男根期（4～6歳）の不安をもとに作られるタイプです。

男根期の子供は「いい子と認められたい」という欲求の追求が自分の存在を守るためにもっとも重要なことだと捉えますが、逆に「悪い子と判断される」という不安も生じてくるんですね。たとえば、「親のしつけが厳しくていつもびくびくしていた」「言うことを聞かない子だと言われていた」などの経験から、このような不安が生じます。

この男根期の「悪い子と判断される不安」が大きく影響して、その後の世界の判断基準が作られるのがタイプ1です。

そこから「悪い子と判断される不安を持つ自分」という自己イメージと、「自分を悪い子と判断してくるもの」という他者イメージが作られ、そのイメージを通してさまざまな情報を判断するようになります。

つまり、タイプ1は、この男根期の「善悪の概念」の世界観で「悪い子と判断される」という不安を感じる経験をもとに、無意識に「悪い子と判断される不安を持つ自分というイメージ」と「自分を悪い子と判断してくる他者というイメージ」からなるフィルターを作ってしまい、それをそのまま成長後も使用して世界を判断していくんですね。

すると、タイプ1は自分を守るために「自分と自分の周囲が善であること」を求めるようになります。タイプ2は、他人から善と認められるために動きますが、タイプ1は、あくまでも「自分の中での善」であることが重要というところが特徴的です。これは成長後には、「正しくありたい」「完璧にものごとを遂行したい」などの欲求として感じられるようになります。

タイプ1を作る経験

失敗して
「悪い子」と叱られた……

タイプ1のフィルター

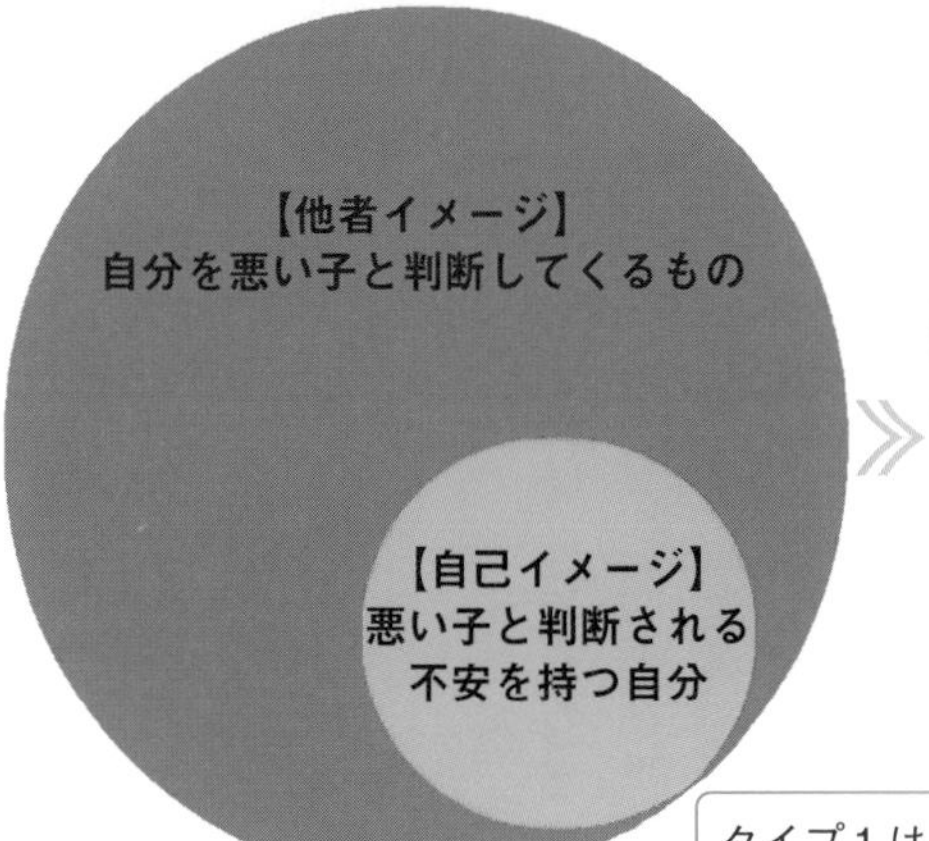

タイプ1の根本的欲求

- ◉正しくあること
- ◉完璧にものごとを遂行すること
- ◉計画通りに進めること

タイプ1は、悪い子と判断されないように、自分の基準で自分や周囲を完全な状態にしておきたいんだね

タイプ6の作られ方　営業マン「みんなに好かれたい人」

タイプ6は、男根期（4〜6歳）の満足の経験をもとに作られるタイプです。

男根期では「いい子と認められたい」という欲求の追求が自分の安全を保つためにもっとも重要なこととして認識されますが、タイプ6は、その欲求が満たされた経験が大きく影響して、その後の世界の判断基準が作られます。たとえば、「お手伝いをしていい子だね」「本を読んでえらいね」と褒められたなどの経験ですね。

そこから「いい子と認められた自分」という自己イメージと、「自分をいい子と認めてくれるもの」という他者イメージができあがり、それを通して、その後の世界のさまざまな情報を判断することになります。

つまり、タイプ6は、この男根期の「善悪の概念」の世界観で「いい子と認められた満足感」を感じる経験をもとに、無意識に「いい子と認められた自分というイメージ」と「自分をいい子と認めてくれる他者というイメージ」からなるフィルターを作ってしまい、それをそのまま成長後も使用して世界を判断していくということです。

するとタイプ6は、自分を守るために、いい子と認められている状態を常に維持したいと感じるようになります。これは、成長後には、「すべての人に好かれたい、認められたい」という欲求として感じられます。

タイプ6の自己イメージは、「弱い立場の子供が親という権威にいい子と認められる」という経験から生まれるので、この「親」は、成長後には目上の人や社会的権威、常識、流行などに投影されます。ですから、タイプ6は、低い立ち位置から社会的権威に「善」と認められたいという欲求を感じやすい傾向があります。

タイプ6を作る経験

お手伝いをして
「いい子」と認められた！

タイプ6のフィルター

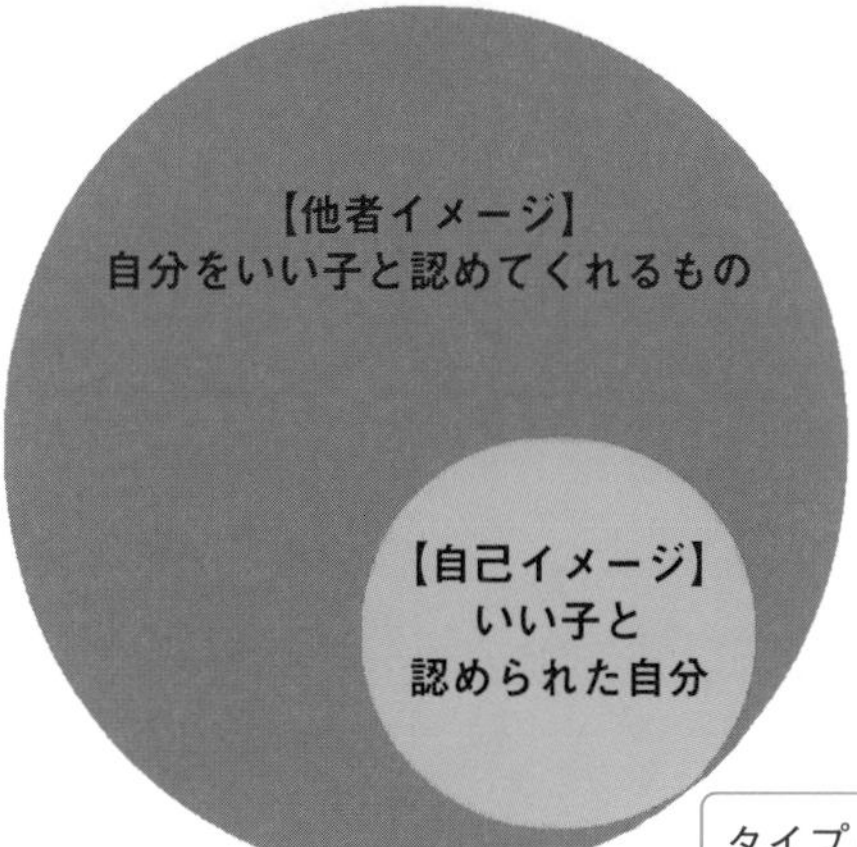

タイプ6の根本的欲求

- ◉すべての人に好かれること
- ◉すべての人に認められること
- ◉社会的権威や常識、流行の価値観で認められること

タイプ6は「親に可愛がられたいい子」という自己イメージを保ちたいから、「みんなに好かれたい」となるんだね

乳幼児期・児童期の経験の作られ方

エニアグラムタイプは無意識のうちに作られる世界の判断基準でしたが、記憶に残っている範囲での経験も当然、私たちの性格に影響します。したがって、乳幼児期の経験には、エニアグラムタイプを生み出す経験とそれ以外の記憶に残っている経験の2種類があると言えます。

この乳幼児期の記憶に残っているほうの経験には、幼稚園の友人や先生との関係性なども入ってきますが、やはり親子関係がメインになります。たとえば、母親の機嫌によって、あるときは非常に優しく、あるときはまったく無視されるなどした場合は、子供は常に親の顔色をうかがってしまうようになります。

このような乳幼児期の親子関係のパターンが、成長後の人間関係における愛情や好意の表現の仕方のパターンとして影響してきます。つまり、ここでもエニアグラムと同様に「自己イメージと他者イメージ」が作られ、成長後にもそれを通して他人を判断するようになるということです。

次に児童期ですが、フロイトは児童期の7～12歳までを潜在期と呼び、衝動や欲求などが影を潜めて表に出にくくなるとしています。その代わり社会的な規範や常識、コミュニケーション能力などを身につけることがテーマとなってきます。

そのため、この児童期の経験のメインとなるのは、やはりもっとも一緒に過ごす時間が多い親の価値観やしつけの仕方の取り込みとなります。そこに小学校での友人・先生との関係、成績などの影響が加わり、同様に「自己・他者イメージ」が作られていきます。

このようにして、4つ目の「乳幼児期・児童期の経験のフィルター」が作られます。

乳幼児期・児童期の経験のフィルター

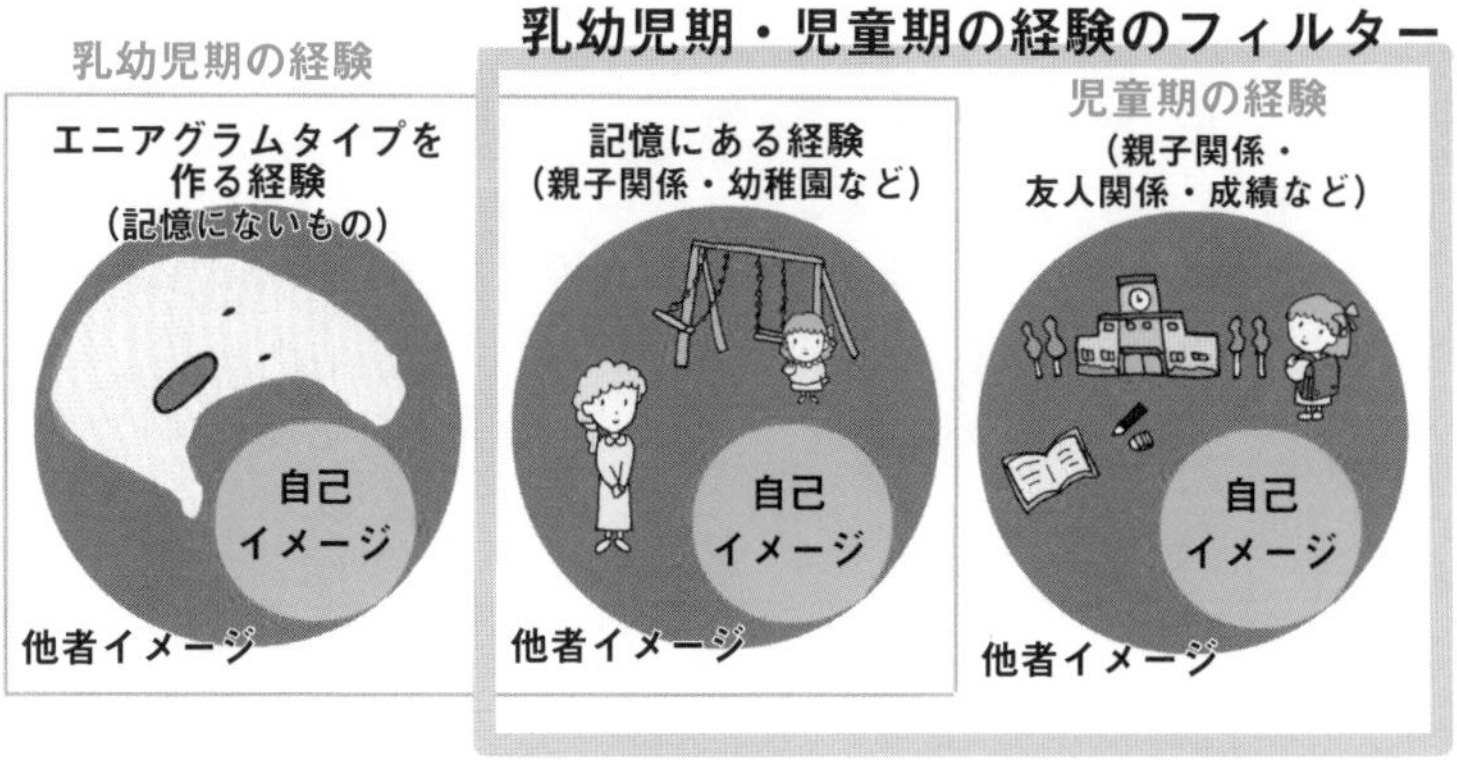
乳幼児期・児童期の経験のフィルター
乳幼児期の経験
エニアグラムタイプを
作る経験
（記憶にないもの）
自己
イメージ
他者イメージ
記憶にある経験
（親子関係・幼稚園など）
自己
イメージ
他者イメージ
児童期の経験
（親子関係・
友人関係・成績など）
自己
イメージ
他者イメージ

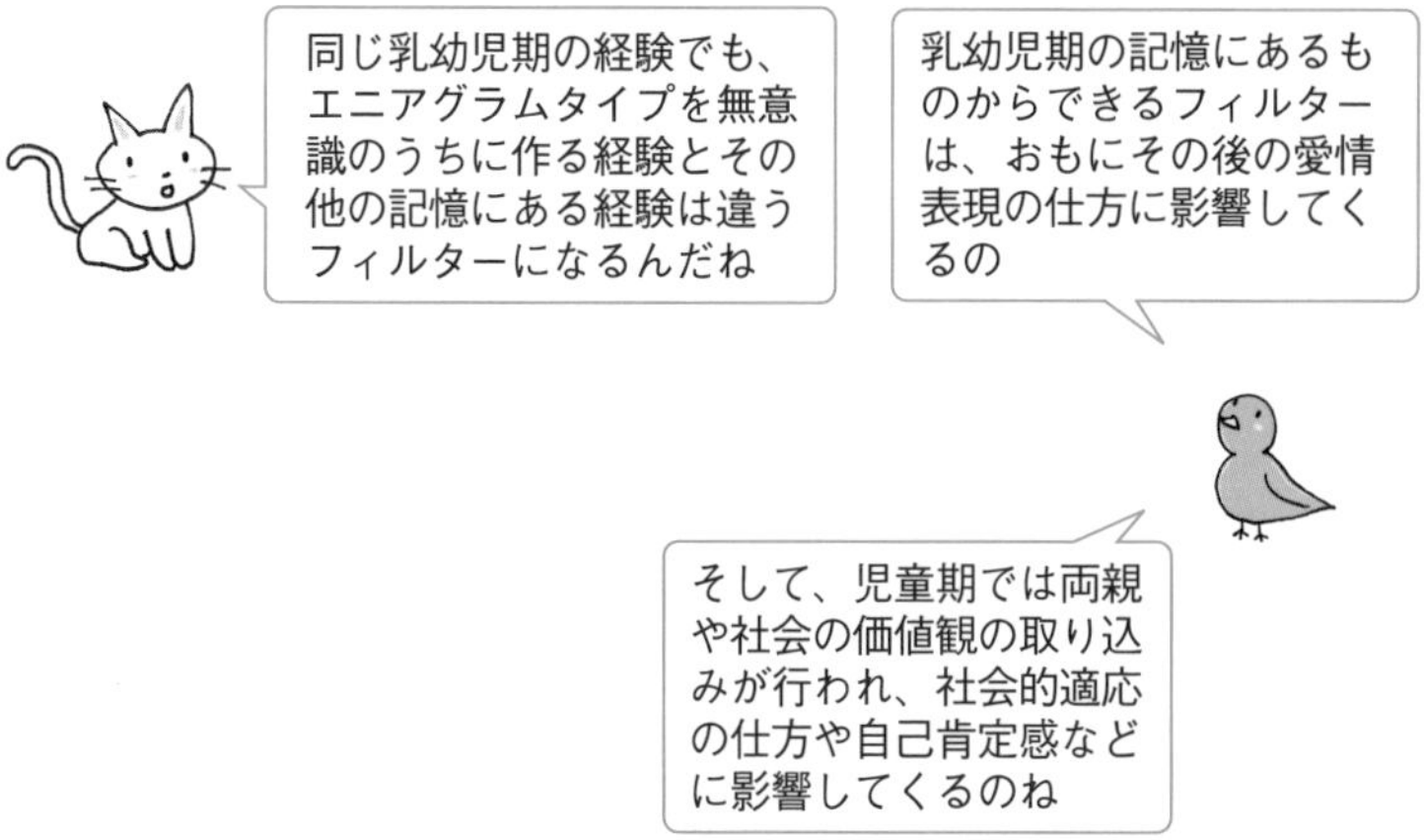
同じ乳幼児期の経験でも、エニアグラムタイプを無意識のうちに作る経験とその他の記憶にある経験は違うフィルターになるんだね
乳幼児期の記憶にあるものからできるフィルターは、おもにその後の愛情表現の仕方に影響してくるの
そして、児童期では両親や社会の価値観の取り込みが行われ、社会的適応の仕方や自己肯定感などに影響してくるのね

中学生以降の経験の作られ方

では、5つ目の「中学生以降の経験のフィルター」はどのように作られるのでしょうか。これを説明するためには、まず13、14歳頃から始まる思春期の意識状態とその課題についてお話ししておく必要があります。

フロイトは思春期を「性器期」と呼び、衝動や欲求が開放され、はじめて他人に向けられるとしています。また、それによって「自分が他人にどう思われているか」が気になってくるのですが、それと同時に、自分の欲求・不安や感情を他人の視点から客観的に観察するということもできるようになります。

イデアサイコロジーでは、エニアグラムタイプは欲求・不安や感情という形で個人に意識されると考えています。児童期（潜在期）では欲求や衝動が影を潜めるというお話をしましたが、そのため児童期ではエニアグラムタイプの影響も一般的には表れてこないんですね。

それが思春期になると、さまざまな日常で起こる出来事がエニアグラムタイプのフィルターを通して無意識に判断されるようになり、それによって欲求・不安や感情が生じ、エニアグラムタイプが意識され始めます。ただこれには個人差があって、早いと小学校低学年くらいから影響が出始める人もいますし、逆に20～30代になってやっと影響が出る場合もあります。

思春期（性器期）の意識

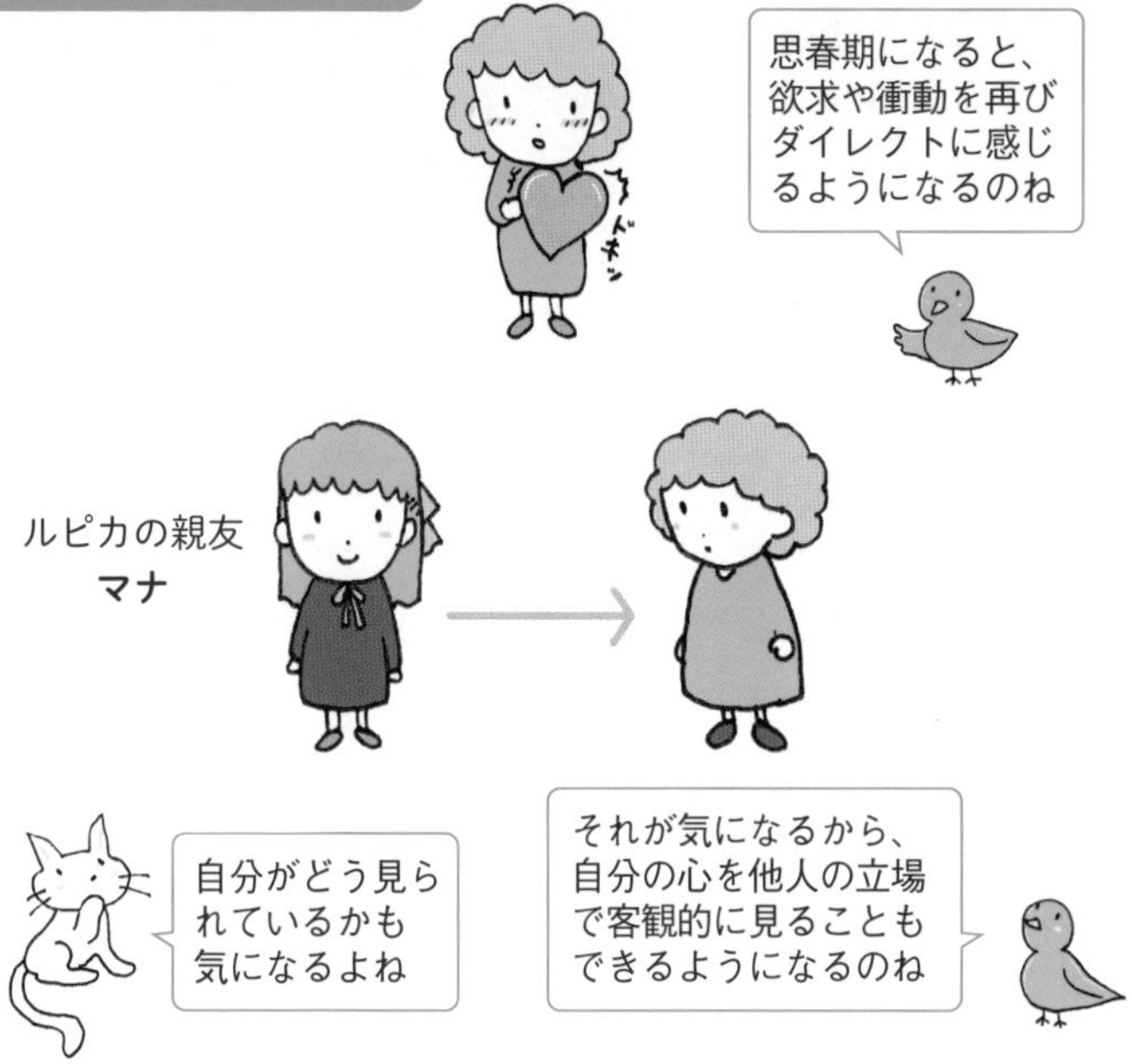
思春期になると、欲求や衝動を再びダイレクトに感じるようになるのね
ルピカの親友
マナ
自分がどう見られているかも気になるよね
それが気になるから、自分の心を他人の立場で客観的に見ることもできるようになるのね

エニアグラムタイプは欲求・不安として感じられる

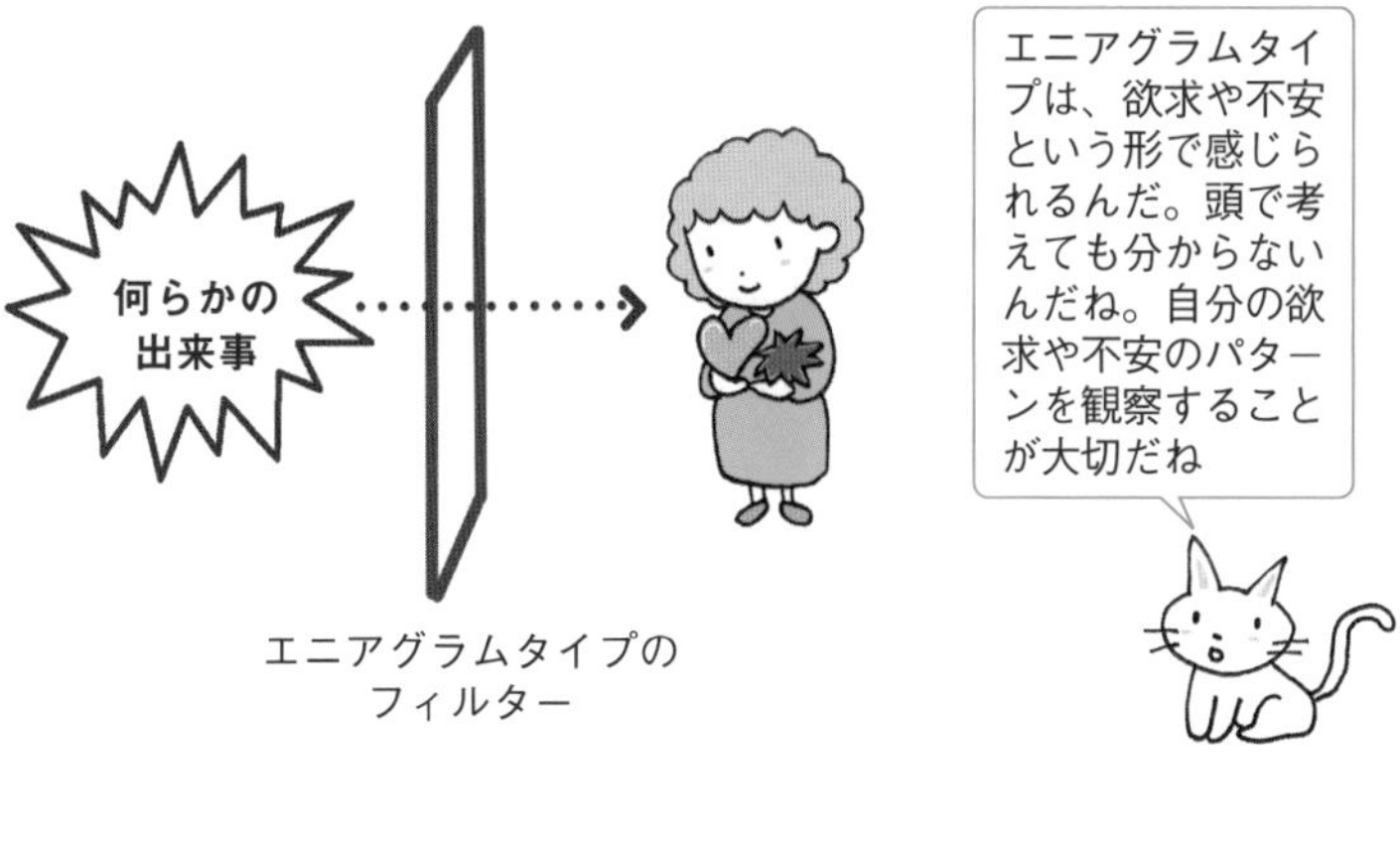
何らかの出来事
エニアグラムタイプのフィルター
エニアグラムタイプは、欲求や不安という形で感じられるんだ。頭で考えても分からないんだね。自分の欲求や不安のパターンを観察することが大切だね

さて、この思春期は、心理学では「自我同一性（アイデンティティ）」を確立する時期だと言われています。自我同一性とは、「過去も現在も未来もこの自分であるという感覚」や「自分とはこういう人間だという一貫したイメージ」を持つことなのですが、これが思春期の意識状態を説明する上で、とても重要な概念になってきます。

さらに、マーシャという心理学者は、自我同一性の確立過程を4つの段階に分けて説明しており、この4段階を「自我同一性地位」と呼びます。そして、その4つの段階を分ける、自我同一性の確立に必要な条件に「危機と傾倒」という2つの要素があるとしています。

「危機」とは、それまで当然のように受け入れていた両親や周囲の価値観や考え方に対して疑問を抱き、このままでいいのかと考え始めること、「傾倒」とは、ある特定の価値観や考え方、生き方に興味を持ち、積極的に取り入れることです。マーシャは、この2つが経験されてはじめて、自我同一性が確立されるとしているんですね。

したがって、自我同一性を確立するまでには、危機と傾倒を両方経験していない「自我同一性拡散」、傾倒のみ経験している「早期完了」、危機のみ体験している「モラトリアム」、両方経験している「自我同一性達成」の4段階があるとされています。

「そうは言うけど、その傾倒できるものを見つけるのにみんな苦労するんだよ」と思う方も多いですよね。イデアサイコロジーでは、その鍵がエニアグラムにあると考えます。つまり、エニアグラムタイプから生じる欲求・不安や感情のパターンを意識化し、「自分はこういうことが好きだ」「自分はこういう人間だ」という確信を得ることが、マーシャのいう「傾倒」だと考えています。

自我同一性（アイデンティティ）とは？

❶ 自分は「独自で固有な自分である」と感じ、他者からもそう認められていると感じていること
❷ 過去も現在も未来も一貫した同じ自分であるという感覚
❸ 何らかの社会集団に所属し、そこに一体感を持つとともに、その集団の人たちからも承認されているという感覚

自我同一性とは
この３つがある
状態のことだよ

マーシャの自我同一性地位

自我同一性地位	危機と傾倒	状　態
自我同一性達成	両方経験	自我同一性を確立している
モラトリアム	「危機」のみ経験	自分の生き方を模索中
早期完了	「傾倒」のみ経験	家庭環境で作られた価値観のまま生きている
自我同一性拡散	どちらも経験なし	自分がなく流されて生きている状態

危機と傾倒を経験して
いるかどうかで、４つ
の段階に分かれるのね

心の病気と他我化

ただ、この4段階のうちの「早期完了」の「傾倒」は、実は自我同一性達成の「傾倒」とは、まったく違うものとなります。表面的にはどちらも「自分が積極的に選んだもの」に見えるのですが、自我同一性達成の「傾倒」が自分の奥底から湧き上がってくるエニアグラムタイプの欲求・不安から生じるのに対して、「早期完了」の「傾倒」はそれまでの家庭環境や親子関係、友人関係などから作られるものです。つまり、エニアグラムタイプという自分の無意識的な基盤とつながっているかいないかの違いがあるんですね。

この「早期完了」の「傾倒」は、「乳幼児期・児童期の経験のフィルター」から作られるものとも言えるのですが、このフィルターの影響が強すぎると「エニアグラムタイプのフィルター」から生じる欲求・不安から新たな「自己イメージ」を作り上げることができず、「早期完了」状態に留まってしまうことになります。

また、この「早期完了」の「傾倒」を生み出す「乳幼児期・児童期の経験のフィルター」の内容がネガティブかポジティブかによっても、「中学生以降の経験のフィルター」の性質が変わってきます。

たとえば、乳幼児期・児童期に親からひどい扱いを受け、「自分は価値がない人間」「誰にも愛されない」という自己イメージを持ってしまった場合には、それだけでもエネルギーを消耗しますのでうつ状態になりやすく、さらにエニアグラムタイプの欲求・不安もネガティブにしか使用することができないので、そこから心の病気が発症することもあります。

逆に、親を尊敬したり、認められたいという思いが強すぎるために「自分は親に従ういい子」

自我同一性達成の「傾倒」

エニアグラムタイプのフィルターから生じる欲求・不安のパターンを自覚することが、自我同一性達成のための「傾倒」を生み出すのね
欲求
不安

早期完了の「傾倒」

親子関係や学校での経験からできた自己・他者イメージの影響が強すぎて、それをそのまま自分だとしてしまうと、早期完了に留まってしまうんだね

早期完了を生み出す「乳幼児期・児童期の経験のフィルター」がネガティブなケース

乳幼児期・児童期の経験のフィルターがネガティブだと、エニアグラムタイプのフィルターにも翻弄《ほんろう》されてしまうし、心の病気になっていくこともあるんだね

早期完了を生み出す「乳幼児期・児童期の経験のフィルター」がポジティブなケース

両親の価値観をそのまま取り入れるケースと、両親や家庭環境を否定するような自己・他者イメージを作るケースがあるのね。でもどちらとも両親や家庭環境の影響が強いことには変わりないの

「親の価値観は絶対」などの強い信念を持ってしまうケースや、家庭環境や親の影響に反抗したり、反面教師にしようという意識が強すぎるために、独自のコミュニケーションの形式や考え方のクセ、こだわりなどを作ってしまうケースもあります。

このように、乳幼児期・児童期の経験の影響が強すぎて、自分の安定を維持するためのポジティブな自己・他者イメージを作ってしまった場合、それと矛盾する現実や親の真実の姿、自分の心の奥にあるネガティブな感情などを客観的に見ることができなくなります。

そうなると、心の奥底から生じるエニアグラムタイプの欲求・不安も感じにくくなり、さまざまなことに確信が持てなくなってきます。

すると今度は、自己肯定感を高めるために、自分以外の「崇高なもの」、たとえば、政治的思想、人種、性別、専門知識、スピリチュアル系知識、仕事・家庭での立場(父母、息子娘など)、

早期完了の意識状態になると……

欲求・不安
感情
早期完了になると、自分以外の「崇高なもの」と同一化して自己肯定感を上げたいと感じるようになるのね

趣味、有名人を好きな自分などを、自己イメージとして取り入れるようになるんですね。そうなっていくと、ますます自分のエニアグラムタイプのフィルターから生じる欲求・不安を感じなくなり、自分の根底と引き離されてしまいます。

イデアサイコロジーでは、このようなケースを「他我化」と呼んでいます。自分の感情や欲求・不安とつながらず、他人の自我によって作られたものを「自分」としてしまっている意識状態ということです。心の病気ならば見た目にも「調子悪そう」ということが分かるケースが多いですが、他我化が生じている場合は、日常生活にはあまり困っていない場合が多いです。本人も精神的に安定していると感じており、周囲にも「普通に仕事もしてきちんと生活しているな」というふうに映るんですね。

他我化とは？

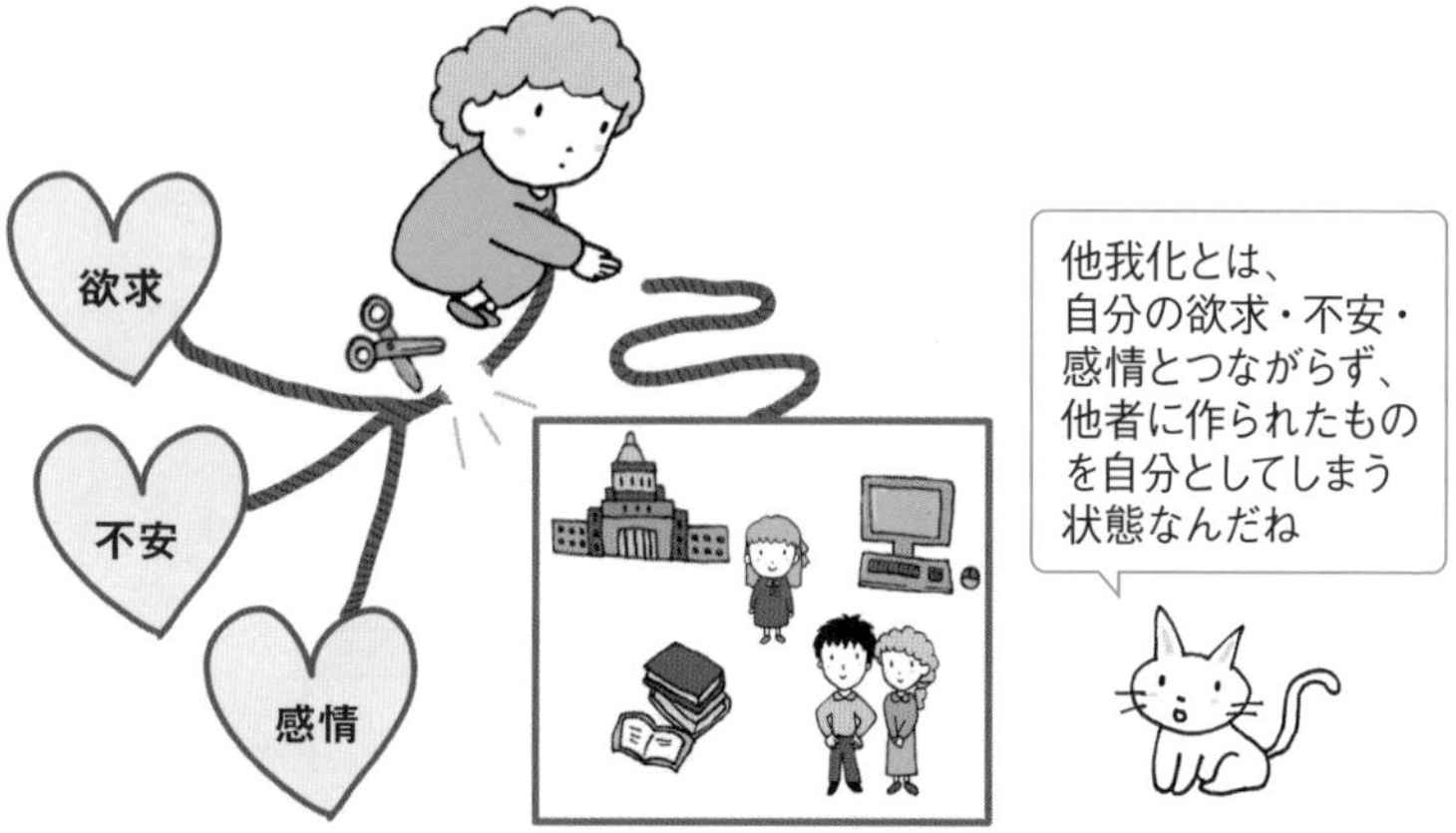
欲求
不安
感情
他我化とは、
自分の欲求・不安・
感情とつながらず、
他者に作られたもの
を自分としてしまう
状態なんだね

また、厳密に言うと、「他我化」は「乳幼児期・児童期の経験のフィルター」で強いネガティブな自己イメージを持った場合にも起こり得ます。ネガティブな自己イメージを持つ人は、どちらかというと自分と向き合うことを厭《いと》わないことが多いのですが、ネガティブな自己イメージを忘れたい、見たくないという方向にいった場合は、表面的に良い状態を保つために「他我化」が生じることもあります。

　この他我化で安定している状態については、「心の病気になっていろいろと問題が起こるよりはいいんじゃない？」と感じる方もいらっしゃると思います。人間として生きる上ではそう考えることもひとつの選択肢ではあるのですが、「目覚め」を目指すのであれば、これは「目覚めへの道」の最大のトラップとなってしまうんです。ですから、日常生活に何の問題もなく安定して過ごしていたとしても、それだけでは「目覚め」に近づいているとは言えないとイデ

目覚めへの道の最大のトラップは他我化

他我化させてしまうものは、そのときはとてもワクワクして自分を救ってくれるような気がするものばかりなの
他我化
でもそれを取り込んでしまうと、目覚めにたどり着けなくなるのよ

アサイコロジーでは考えています。これについてはまた第4～6章で詳しくお話ししますので、とりあえずはそういうシステムがあるということだけ頭に入れておいてください。

さて、以上のことを踏まえてイデアサイコロジーでは、「中学生以降の経験のフィルター」は自我同一性の確立の課題と取り組みながら、共に作られていくと考えています。

具体的には、中学生以降の親子関係、友人関係、学業、恋愛、仕事、結婚、子育てなどの経験、そして、趣味、専門知識、思想などがすべて積み重なっていくことになります。

中学生以降の経験のフィルターは自我同一性確立の課題と並行して作られる

中学生以降の経験の道
中学生以降の親子関係・友人関係・学業
恋愛・仕事・結婚・子育て・趣味
専門知識・思想
自我同一性の確立
中学生以降の経験のフィルターは、自我同一性確立の課題をこなしつつ、友人関係や恋愛、学業、仕事、結婚などの具体的な経験の積み重ねとして作られていくんだね

3次元的空間認識の作られ方

では、最後の6つ目、「3次元的空間認識のフィルター」の作られ方について見ていきましょう。いままでは親子関係などのプライベートな内容がテーマでしたが、ここでは人類共通の認知能力についての話になります。

第1章、第2章の各エニアグラムタイプの作られ方の項でも少し触れましたが、私たちが「自分と他人を身体と認識する」「言葉を通してそこにないものを他人と共有することで、客観的見方をする」「地球という星に自分を含めて約80億人の人間が暮らしていると認識する」などの能力は、成長することで獲得されたもので、赤ちゃんのときは持っていないものでした。

つまり、「前後左右上下の軸からなる3次元空間に、身体としての人間が言葉によって共通認識を持ちながら複数存在している」という認識方法です。「そんなの当たり前すぎて取り立

人間の認知能力は獲得されたもの

りんご
自分を身体と思ったり、言葉で共通認識を得たりする能力は成長によって獲得されたものだったよね

て考えたこともなかった」という方も多いですよね。

これも発達とともに獲得される認知能力で、人間として生活するには必要不可欠なものではあるのですが、実は「目覚め」のためにはクリアしなければならないフィルターのひとつです。

厳密に言えば、みんなが疑いさえ抱かないほどに当たり前すぎるがゆえに、非常にクリアしにくい「フィルターのラスボス」と言えます。

3次元的空間認識はフィルターのラスボス

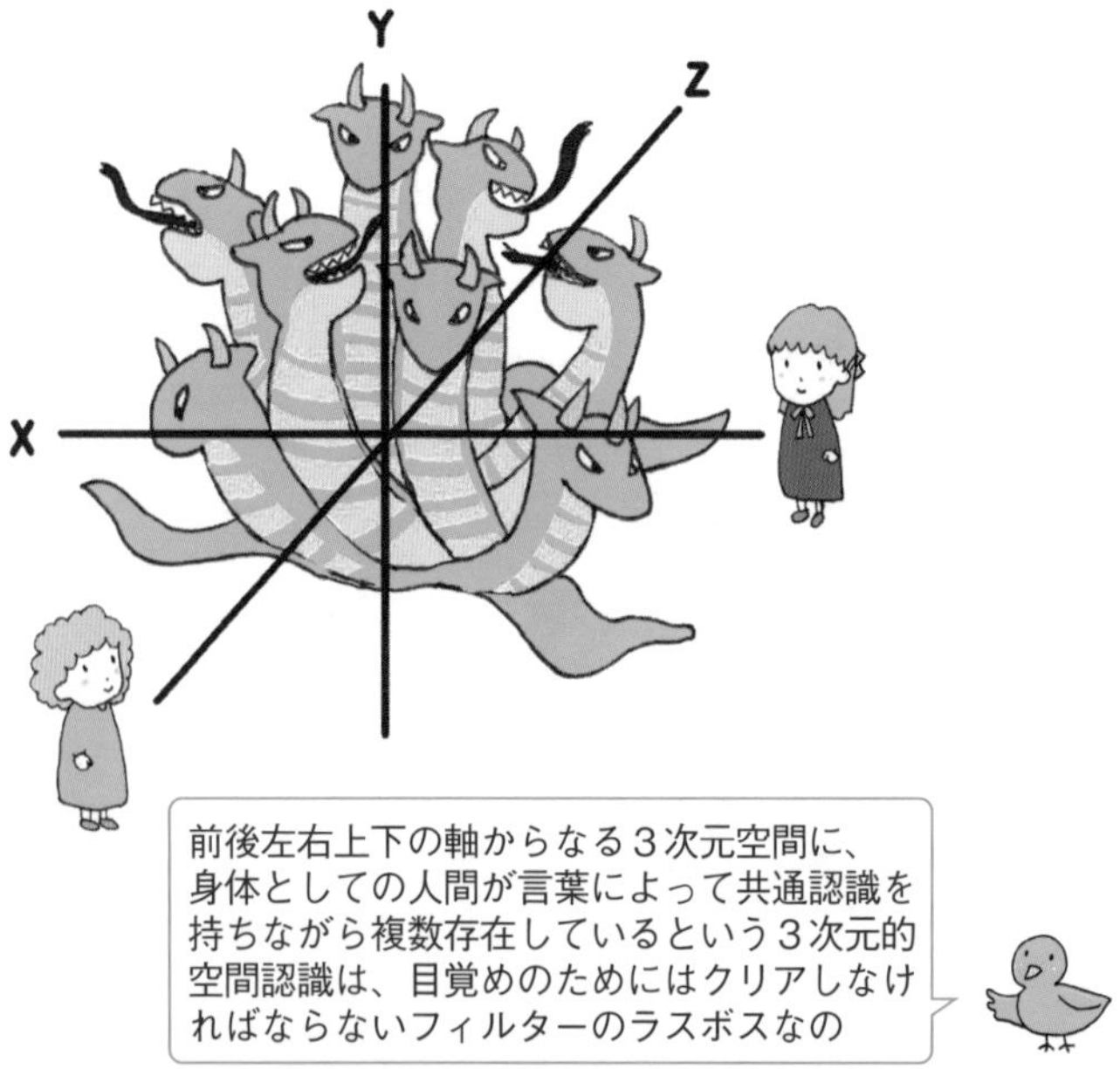
Y
Z
X
前後左右上下の軸からなる3次元空間に、身体としての人間が言葉によって共通認識を持ちながら複数存在しているという3次元的空間認識は、目覚めのためにはクリアしなければならないフィルターのラスボスなの

では、この「3次元的空間認識のフィルター」はどのように作られるのでしょうか。このフィルターの作られ方には次の4段階があります。最初が肛門期に入る直前（1歳半頃）、2番目は男根期（4～6歳）、3番目が児童期（潜在期：7～12歳）、4番目が中学生以降（13歳～）となっています。

各エニアグラムタイプの作られ方の項でもお話ししたように、子供は口唇期（0～1歳半）では、ぼんやりとした感覚の総合体のようなものとしてしか自分を認識していません。それが、肛門期（1歳半～3歳）に入る直前に「自分は身体である」と認識するようになり、肛門期に移行していくということでしたよね。

フロイトの弟子である心理学者のラカンは、この現象が起こる時期を「鏡像段階」と呼んでいます。子供が鏡に映った自分の姿を見ることによって、自分が一個の統合体としての身体であると気づくということですね。これは、言い

3次元的空間認識のフィルターの作られ方

第1段階：肛門期に入る直前（1歳半頃）
第2段階：男根期（4～6歳）
第3段階：児童期（潜在期：7～12歳）
第4段階：中学生以降（13歳～）

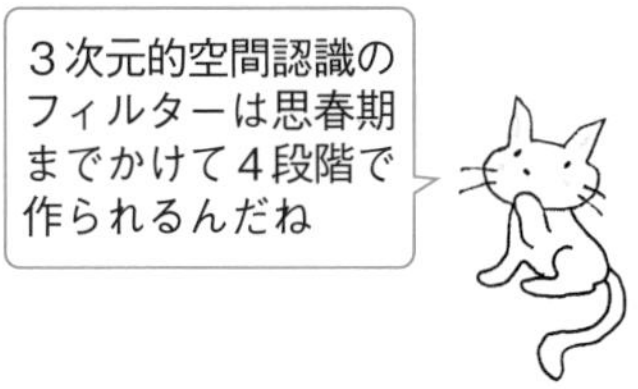
3次元的空間認識のフィルターは思春期までかけて4段階で作られるんだね

換えれば、親などの他者から自分がどう見えるかを想像する力が芽生えることとも言えます。

　この他者からの見え姿を想像する力の芽生えが「3次元的空間認識のフィルター」の大もととなります。なぜなら、他者からの視点を想像することによって、「自分が他者と同じ身体を持つ人間である」という認識を持つことができるようになり、そこから「3次元空間に複数の人間がいる」という認知が想像的にもたらされることになるからです。そして、このような「自分＝身体」という認識方法から、前後左右上下の概念も生まれてくることになります。

自分＝身体という認識から3次元的空間認識が生まれる

他人からの見え姿を想像することで、自分を身体と認識するのね。そして他人も同じ身体と認識し、そこから3次元空間に複数の身体としての人間がいると考えるようになるの

次に、2番目の男根期（4～6歳）に入って言葉が発達すると、子供は他者と概念を共有するようになり、他者の立場に立ってものごとを考えられるようになります。そして、複数の人に共通した客観的現実の把握や、複数の人の思いへの共感が可能になってきます。

3番目の児童期（7～12歳）では、さらに論理的思考や推論の能力が発達していきます。この時期では、実際に手を動かさなくても情報の処理を頭の中で行えるようになり、論理的な推論が可能になります。そして、4番目の中学生以降（13歳～）では、純粋に概念だけを使用した抽象的仮定的な推論ができるようになります。

この中でも、男根期と児童期の間には大きな認知能力の質の変化があります。この変化を研究したのが発達心理学者のピアジェです。彼は2～7歳を「前操作期」、7～11、12歳を「具体的操作期」と呼びます。

男根期（4～6歳）の認知発達

言葉の発達によって、
他人の立場に立って
ものごとを考えられる
ようになるんだね

たとえば、底面積が小さく背の高いコップから、底面積が大きく背の低いコップに水を移し変えると、前操作期の子供は「水が減った」と思いますが、具体的操作期以降の子供は「水の量は同じ」と考えることができます。つまり、男根期までは、まだ自分の主観的視点や知覚の影響が優勢であるのに対し、児童期以降では概念での論理的情報処理が可能になるということです。

以上のように、他者の視線を用いた想像力と「自分＝身体」という認識、概念の共有、論理的思考、抽象的思考によってはじめて、「広大な宇宙に存在する地球という星に自分を含めた約80億人の人間が暮らしている」という認識ができあがるんですね。これが「3次元的空間認識のフィルター」ということになります。

児童期（7～12歳）の認知発達

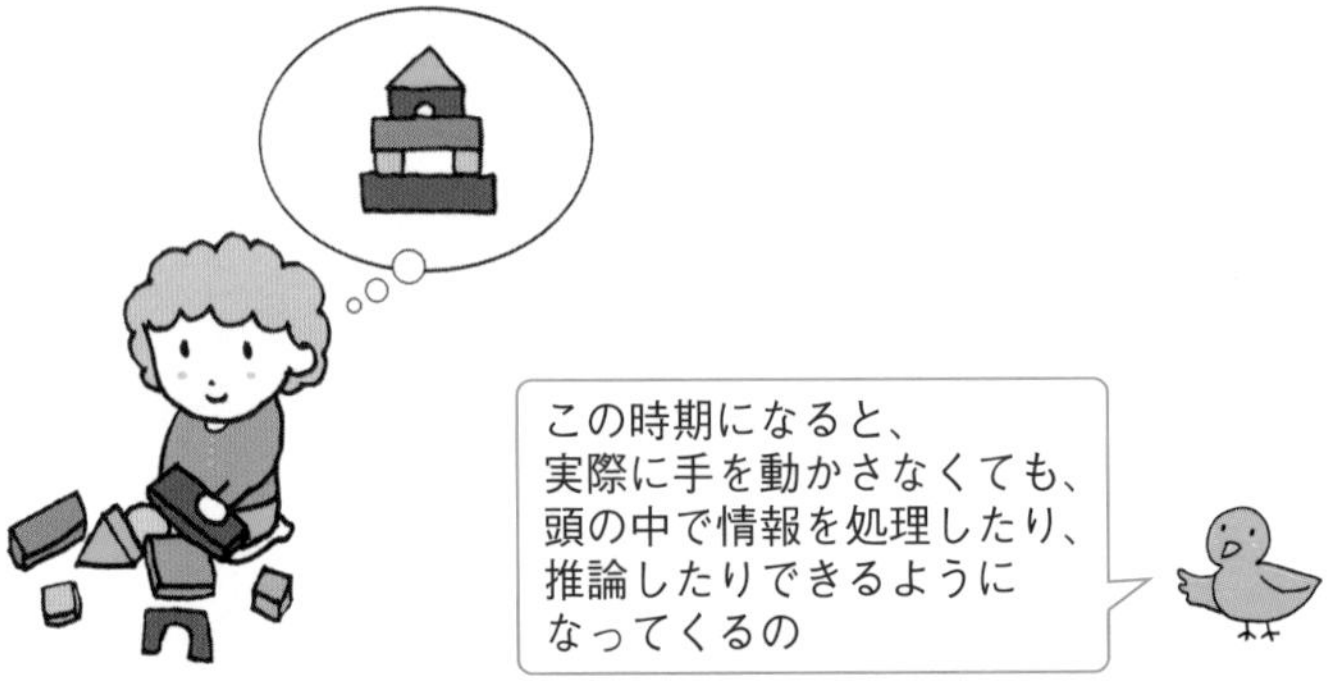
この時期になると、
実際に手を動かさなくても、
頭の中で情報を処理したり、
推論したりできるように
なってくるの

前操作期と具体的操作期の認知の違い

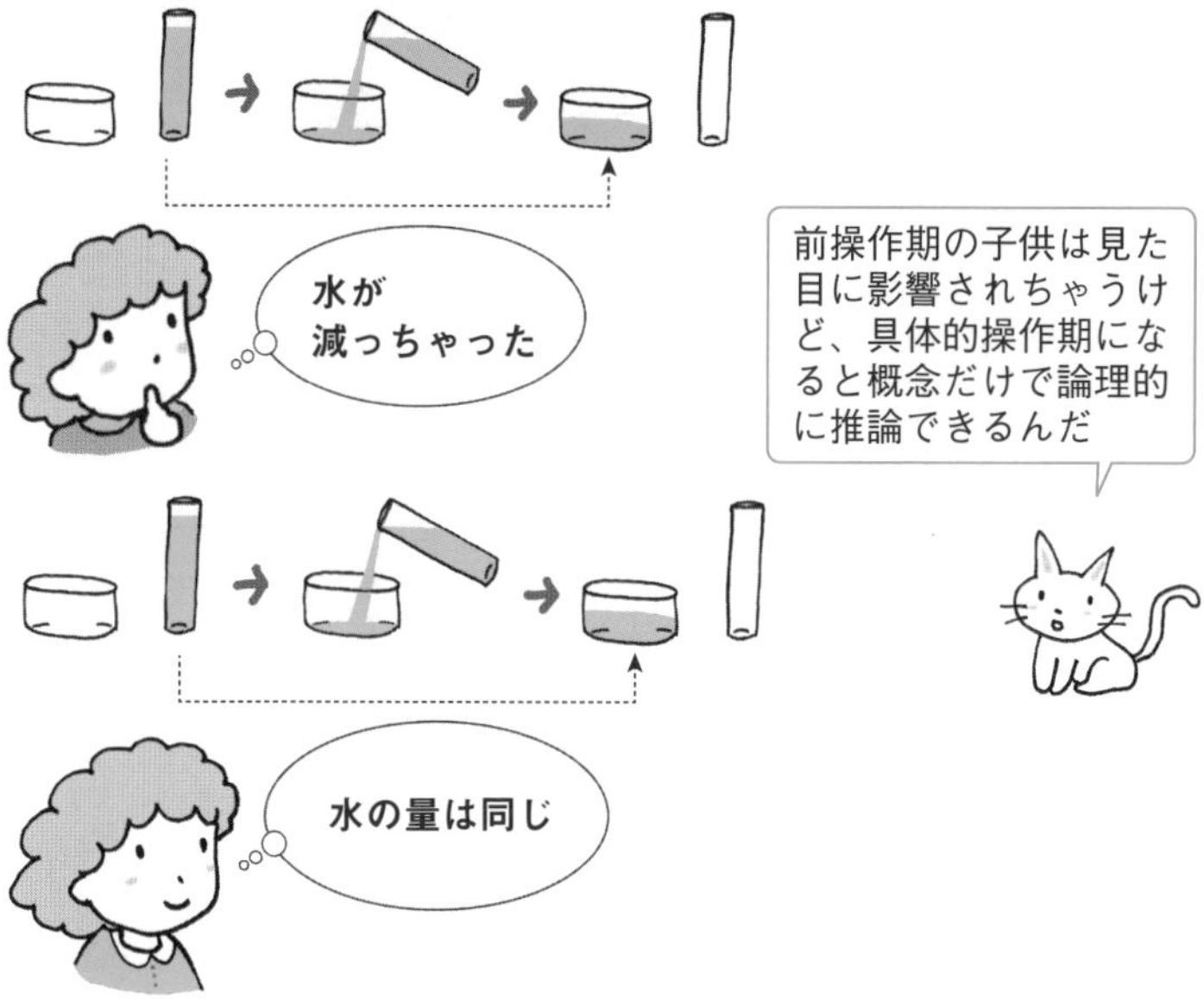
水が
減っちゃった
前操作期の子供は見た目に影響されちゃうけど、具体的操作期になると概念だけで論理的に推論できるんだ
水の量は同じ

3次元的空間認識の成り立ち

4段階の認知発達によって、はじめて「広大な宇宙に存在する地球という星に自分を含めた約80億人の人間が暮らしている」という3次元的空間認識ができあがるの

6つのフィルターの並び方

さて、第2章では「6つのフィルターの作られ方」について見てきましたが、いかがでしたか。

私たちは普段、当たり前のようにいろんな感情を感じ、思考し、状況を認知し判断していますが、それらは実は、このように複雑なシステムによって作り上げられたものなのです。そして、「目覚め」るためには、この複雑に影響し合う「6つのフィルター」をクリアしていく必要があります。

第3章からは、この「6つのフィルター」をクリアするための具体的な方法についてお話ししていきますが、その前に「6つのフィルター」がそれぞれどのように並んでいるのかについてお話しししておきましょう。

イデアサイコロジーでは、意識しやすく変化しやすいものがもっとも外側にあり、内側にいくに従って意識しにくく変化しないものになっていくと考えています。

もっとも外側にあり、意識しやすく変化しやすいフィルターは「中学生以降の経験のフィルター」になります。その次が「乳幼児期・児童期の経験のフィルター」、次が「エニアグラムタイプのフィルター」、「遺伝的影響のフィルター」、「占星術的影響のフィルター」と続き、そしてもっとも奥にあるのがラスボスの「3次元的空間認識のフィルター」となっています。

さて、それを踏まえながら、いよいよ第3章から、「目覚め」のための「6つのフィルター」をクリアする具体的方法についてお話ししていきますね。

6つのフィルターの構造

外側は意識しやすく変化しやすいもの、内側にいくに従って意識しにくく変化しないものになっていくんだね

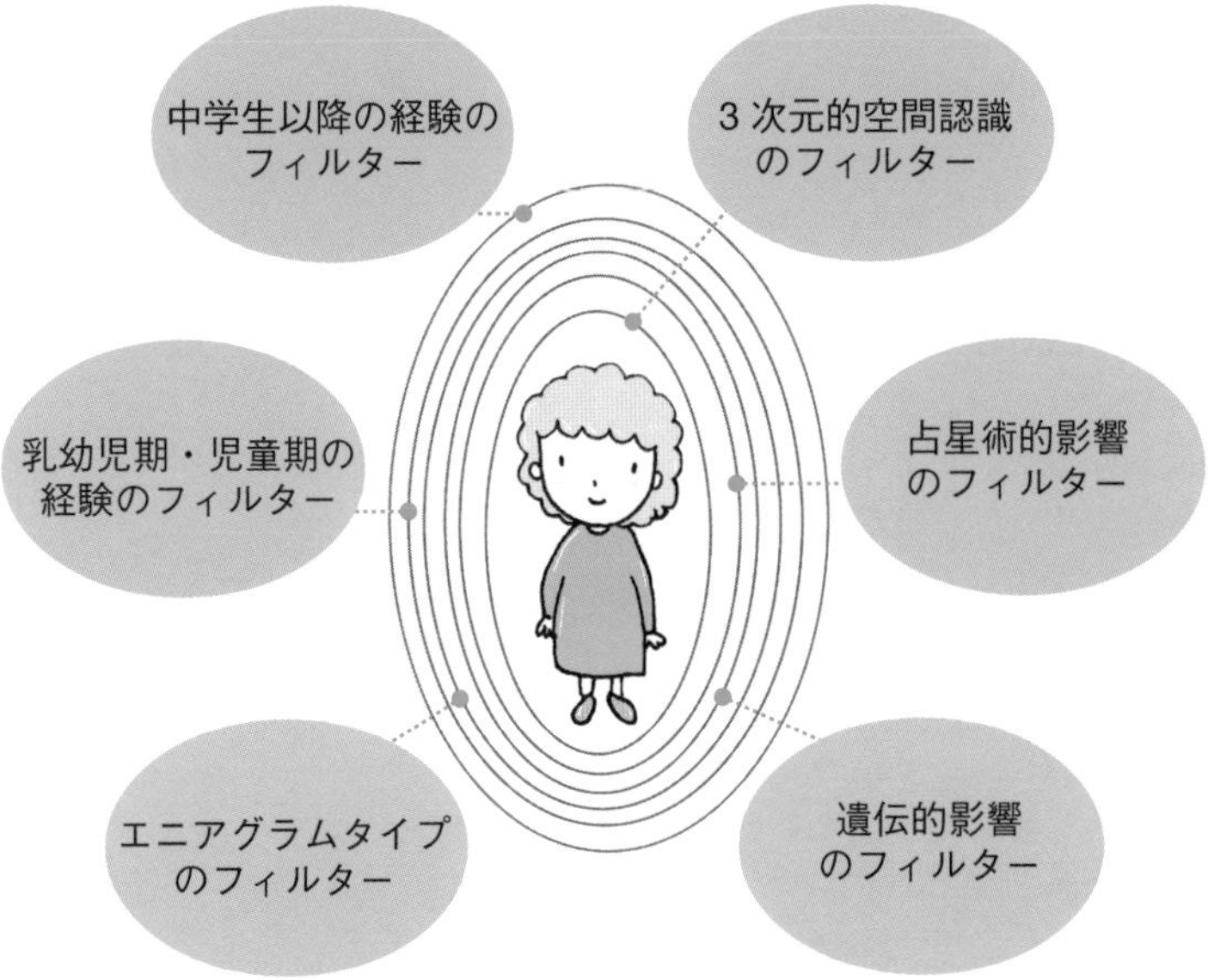

エニアグラムタイプや遺伝、占星術的特性は一生変わらないものだけど、意識して表現の仕方をコントロールすることはできるの

第 3 章

各エニアグラムタイプの特徴を知ろう

「フィルターをクリアする」とは、フィルターを理解しコントロール可能にすること

6つのフィルターのしくみが明らかになったところで、第3章からは、いよいよフィルターをクリアする方法についてお話ししていきましょう。

第1章、第2章でも少しお話ししましたが、「フィルターをクリアする」ということは、言い換えると、各フィルターの内容を自分で理解し、コントロール可能なものにしていくということになります（24ページ参照）。

私たちは普段、6つのフィルターをすべて通して、思考したり、感情や欲求・不安を感じたり、状況判断をしたりしているので、どれがどのフィルターから来ているかなんて考えないですよね。でも、たとえば「いつも他人に対して下手に出て損な役回りになることが多いけれど、どうしてそうなってしまうのか分からない」という場合、そのままの状態であれば無意識に反応してしまい、その傾向が変わることはありません。

イデアサイコロジーでは、そうなってしまう原因には、親子関係や家庭環境、遺伝的なもの、エニアグラムタイプ、学校や友人関係での経験、趣味・思想などさまざまなものがあり、しかもひとつだけではなく複数のフィルターが相互作用し合っている場合もあると考えているんですね。

そして、このような状態を改善するには、各フィルターから生じる影響をコントロールすることが必要なのですが、そのためにはまず、どの思考や感情がどのフィルターから来ているのか、そのフィルターの内容はどういうものなのかを細かく分けて把握していくことが重要になってきます。

フィルターの内容分析は、まず「エニアグラムタイプ」から

「でも、6つもあるフィルターのどこから手をつけたらいいの?」「やっぱり一番外側の中学生以降の経験から見るのかな?」と思う方も多いですよね。

結論から言ってしまうと、自分や周囲の人たちのフィルターの内容を探るときには、まずエニアグラムタイプのフィルターから見るのがおすすめです。なぜかというと、エニアグラムタイプから生じる欲求・不安が本人の行動パターンや雰囲気に表れているか、意識されているかどうかを見ることが、自我同一性がどの程度確立されているのかを判断する重要な材料になるからです。そして、エニアグラムタイプが出にくい場合や、逆にエニアグラムタイプから生じる欲求・不安が大きくて生活に支障をきたしている場合などは、遺伝や親子関係の影響が強いケースが多いので、次にその点について注目し

フィルター分析はまずエニアグラムタイプから

エニアグラムタイプが意識されているかどうかは、自我同一性地位にも関係してくるから重要なの
エニアグラムタイプのフィルター

て見ることができるというのもその理由です。

さて、あなたのエニアグラムタイプを探る前に、まずは各タイプがどのような特徴を持っているのかを知ることが必要になります。「まだ前知識が必要なの？　早く自分のだけ知りたいんだけど」と思う方もいらっしゃるかもしれませんが、タイプの判定はとても繊細な部分があって、すべてのタイプの特徴を知っていないと間違える可能性も高くなります。

また、第6章で詳しくお話ししますが、「目覚め」には周囲の人との共感・相互理解も重要な要素になります。そこでは周囲の人のタイプ判定も必要になってきますので、ぜひ、まずは9つのタイプの特徴からつかんでいただきたいと思います。

「目覚め」には9つのタイプすべての特徴をつかむことが必要

自分のタイプを正確に知るには、やっぱり全部のタイプを知っておかないとね
9つのタイプを知ることは周囲の人たちとの共感や相互理解にも必要だし、周囲の人たちとどんな関係性を築いているかが「目覚め」にも深く関わってくるの

エニアグラムタイプは「好きなこと・嫌いなこと」「長所・短所」「趣味」「仕事」に表れる

第2章では、エニアグラムタイプは乳幼児期の親子関係を基盤に作られ、その影響が13、14歳前後の思春期に欲求・不安という形で表れるというお話をしました。このような欲求と不安を常に感じていると、現実生活の中での自分の言動に一貫性が生じ始めます。これが自分のパターン、つまり性格を形成していくわけです。

では、このエニアグラムタイプから生じる欲求・不安は、現実生活において本人にはどのように感じられているのでしょうか。イデアサイコロジーでは、それは自分の「好きなこと・嫌いなこと」「長所・短所」「趣味」「仕事」などに特徴的に表れてくると考えています。

継続的な欲求は「好きなこと」として意識されるようになりますし、継続的な不安は「嫌いなこと」として意識されます。そして、「好きなこと」がさらに継続すれば行動としての「長

エニアグラムタイプが表れるところ

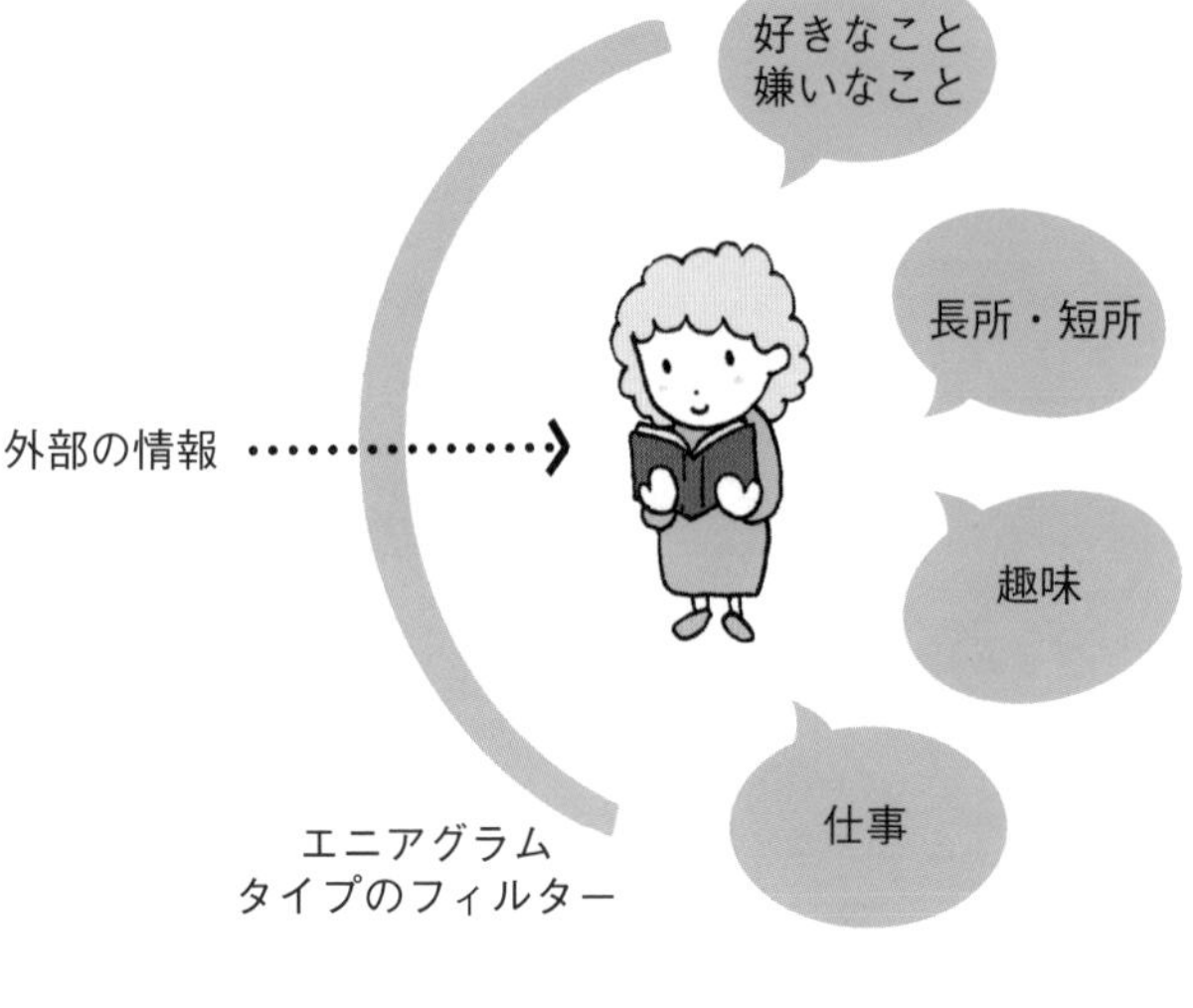

所」に、「嫌いなこと」がさらに継続すれば行動としての「短所」につながっていきます。そして、それは「趣味」や「仕事」にも影響を及ぼすことになります。第3章では、まず、この4つの項目を通して、各エニアグラムタイプの特徴をお話ししていきます。

　また、エニアグラムタイプは、面白いことに人間の顔つきや身体つき、全体的な雰囲気や話し方にも表れます。エニアグラムタイプは自我の基盤を作るものであり、人間はそれを通してすべての認知を行っているため、日々の中で少しずつ顔つきや身体つきにも影響を及ぼしてきます。

　この第3章では、現実的にはどのようにエニアグラムタイプが表れるのかも、有名人の例を挙げながら説明していきます。自分や周囲の人たちに当てはまるかどうか考えながら、読んでみてくださいね。

エニアグラムタイプは外見にも表われる

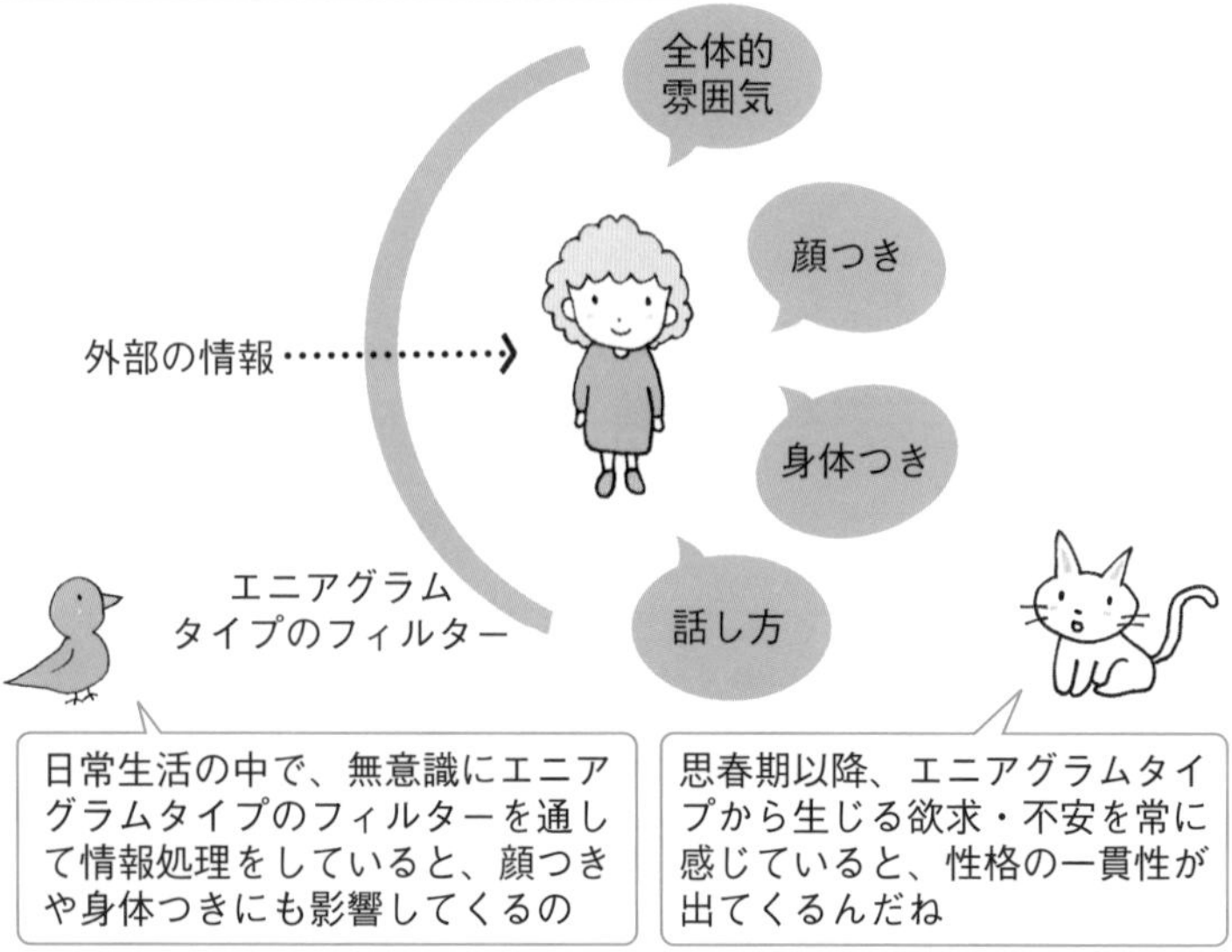
全体的
雰囲気
顔つき
身体つき
話し方
外部の情報
エニアグラム
タイプのフィルター
日常生活の中で、無意識にエニアグラムタイプのフィルターを通して情報処理をしていると、顔つきや身体つきにも影響してくるの
思春期以降、エニアグラムタイプから生じる欲求・不安を常に感じていると、性格の一貫性が出てくるんだね

サブタイプと成長・退行の方向性

さて、これから各タイプの特徴の説明をしていきますが、その前にもう少しだけ大事な話をしておかなくてはいけません。「サブタイプ」と「成長・退行の方向性」、「欲求・不安のコントロール度」についてです。

　エニアグラムの9つのタイプには、それぞれ2つのサブタイプが存在すると言われています。基本的な特徴はタイプごとに共通していますが、どのようなサブタイプを持つかによって表れ方が変わってきますので、このサブタイプはとても重要です。

　サブタイプは次ページの図のように、必ずそのタイプの両隣のタイプとなっています。たとえば、タイプ1ならば、タイプ9とタイプ2がサブタイプとなり、同じタイプ1でもタイプ9の要素が入っている人と、タイプ2の要素が入っている人に分かれるということです。

　つまり、エニアグラムタイプは厳密には9つではなく、サブタイプを含んだ形で合計9×2＝18個のタイプが存在するということになります。本書では、たとえば、タイプ1でサブタイプがタイプ9の人の表記を「タイプ1-9」とし、「タイプイチキュウ」と読むことにします。他のタイプも同様です。

　また、従来のエニアグラム理論には成長・退行の方向性というものがあります。これは、タイプ3・6・9と他のタイプ1・2・4・5・7・8でまったく別の2つの流れを持って構成されています。

　ひとつは、成長すると、タイプ3はタイプ6的な特徴を持つことになり、タイプ6はタイプ9的な特徴を、タイプ9はタイプ3的な特徴を持つようになるという流れです。

　そして、もうひとつは、成長すると、タイプ

サブタイプって何？

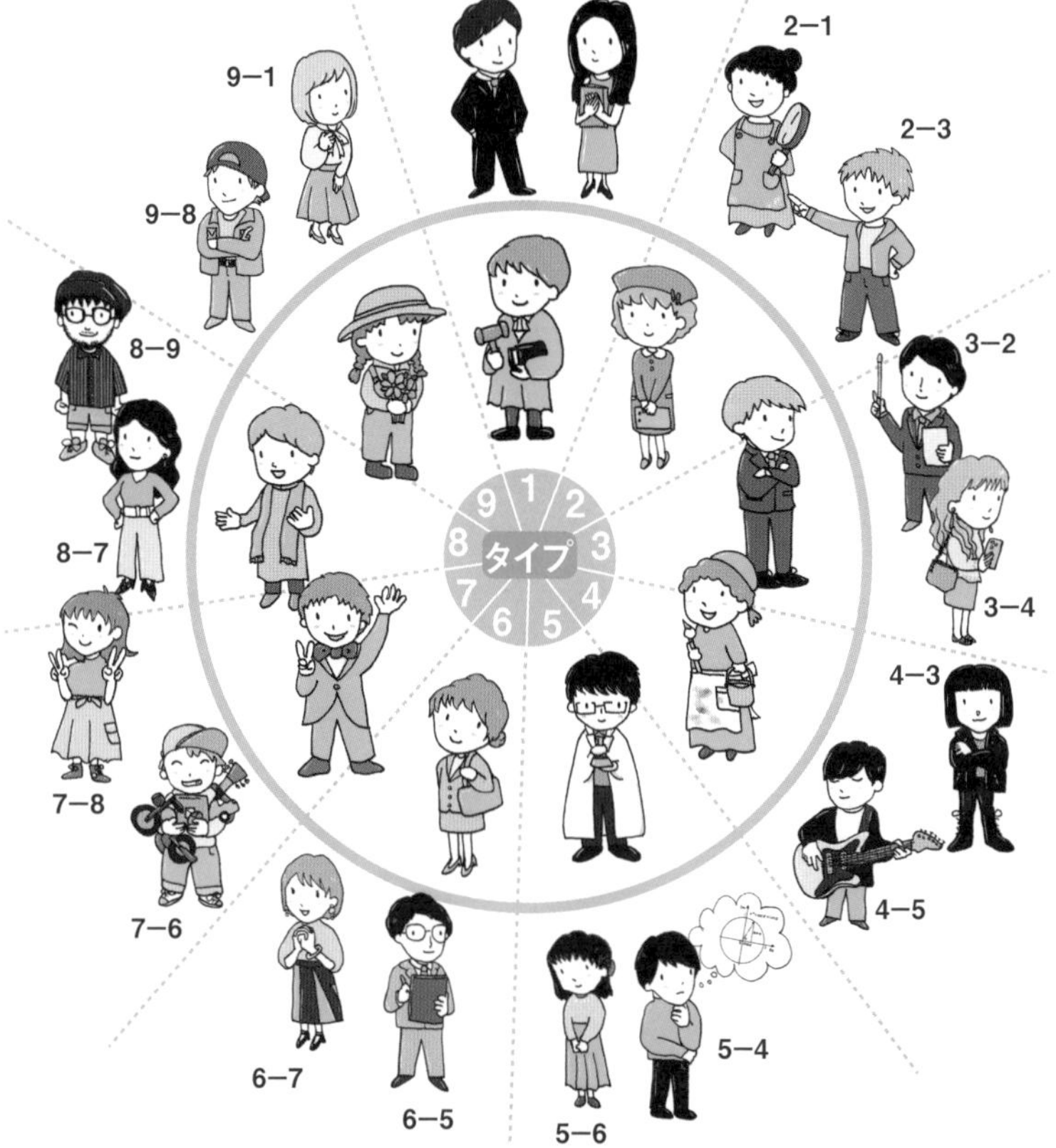

1はタイプ7的な特徴を持つようになり、タイプ7はタイプ5的な特徴を、同様にタイプ5はタイプ8、タイプ8はタイプ2、タイプ2はタイプ4、タイプ4はタイプ1的な特徴を持つようになるという流れです。

これらの逆の方向は、それぞれ退行の方向性となります。つまり、タイプ6がタイプ3的な特徴を持つのは意識状態としては良くない方向ということです。ただ、イデアサイコロジーではこれは単純に考えられるものではなく、たとえばタイプ1がタイプ7的な特徴を持ったとしても、すべてが良い方向とは言えないと考えています。退行の方向についても同様です。

タイプ3・6・9の成長・退行の方向性

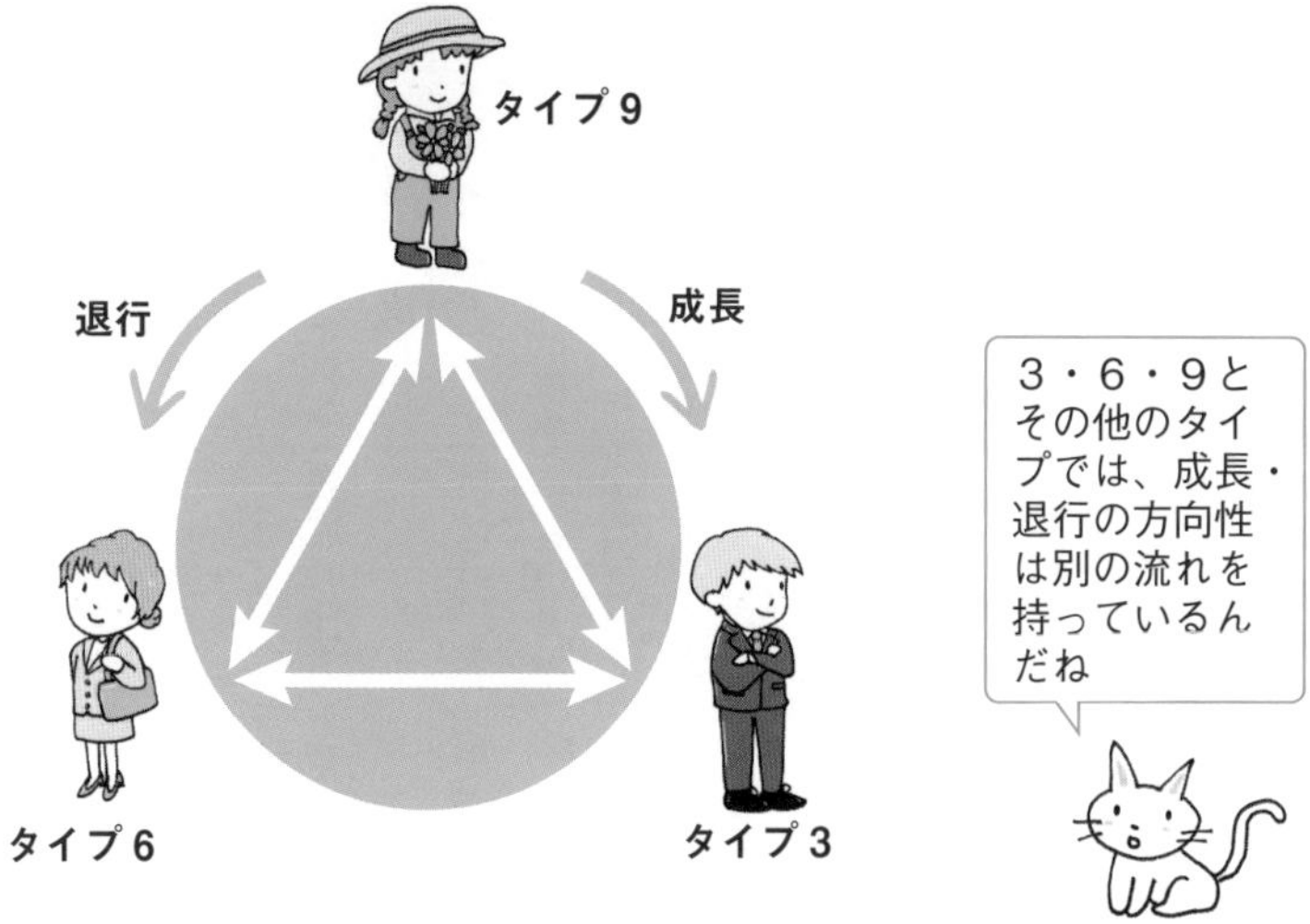
タイプ9
退行
成長
タイプ6
タイプ3
3・6・9と その他のタイ プでは、成長・ 退行の方向性 は別の流れを 持っているん だね

タイプ1・2・4・5・7・8の成長・退行の方向性

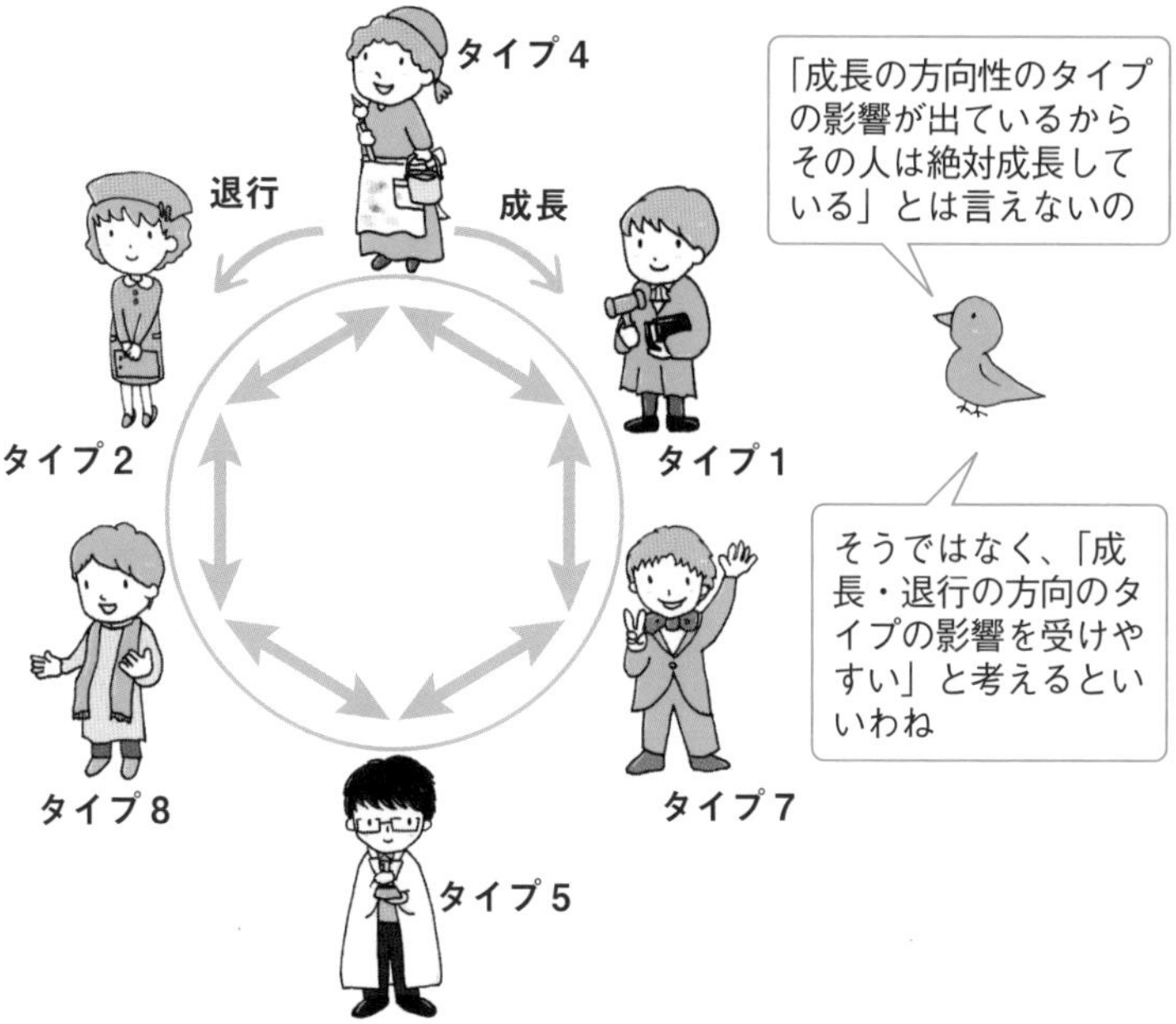
タイプ4
退行
成長
タイプ2
タイプ1
タイプ8
タイプ7
タイプ5
「成長の方向性のタイプの影響が出ているからその人は絶対成長している」とは言えないの
そうではなく、「成長・退行の方向のタイプの影響を受けやすい」と考えるといいわね

欲求・不安のコントロール度

また、エニアグラムタイプから生じる「何を好きで何を嫌いと思うか」の基準は一生変わらないものなのですが、そこから来る欲求・不安をコントロールして表現の仕方を変えていくことはできます。

このコントロール度には、乳幼児期・児童期の経験や遺伝的影響のフィルターの内容によって個人差が出てきますので、同じタイプではあっても「かなり印象が違うなあ」と感じるケースも出てきます。

たとえば、エニアグラムタイプの欲求・不安のコントロール度が高い人は、自分のタイプから生じる欲求・不安のパターンを理解しているので、仮に強い欲求・不安が出てきたとしてもそれを制御しつつ、その場に適切な行動が高い確率でできます。そして、エニアグラムタイプの欲求を、よりポジティブに自分の才能として社会的日常的に生かすことができます。

欲求・不安のコントロール度が中程度の人は、しばしば状況判断や行動がエニアグラムタイプの欲求・不安に影響され、最善の判断・行動ができないときもありますが、生活に支障をきたすほどのものではありません。

欲求・不安のコントロール度が低くなると、エニアグラムタイプの影響がほぼネガティブにしか表れていない状態になってしまいます。つまり、タイプの欠点・弱点と言われる特徴が前面に出ている状態だと言えますので、人間関係、仕事にも支障をきたしている場合があります。

コントロール度が高いケース

◎親友が他の友達と楽しそうに話しているのを見たとき

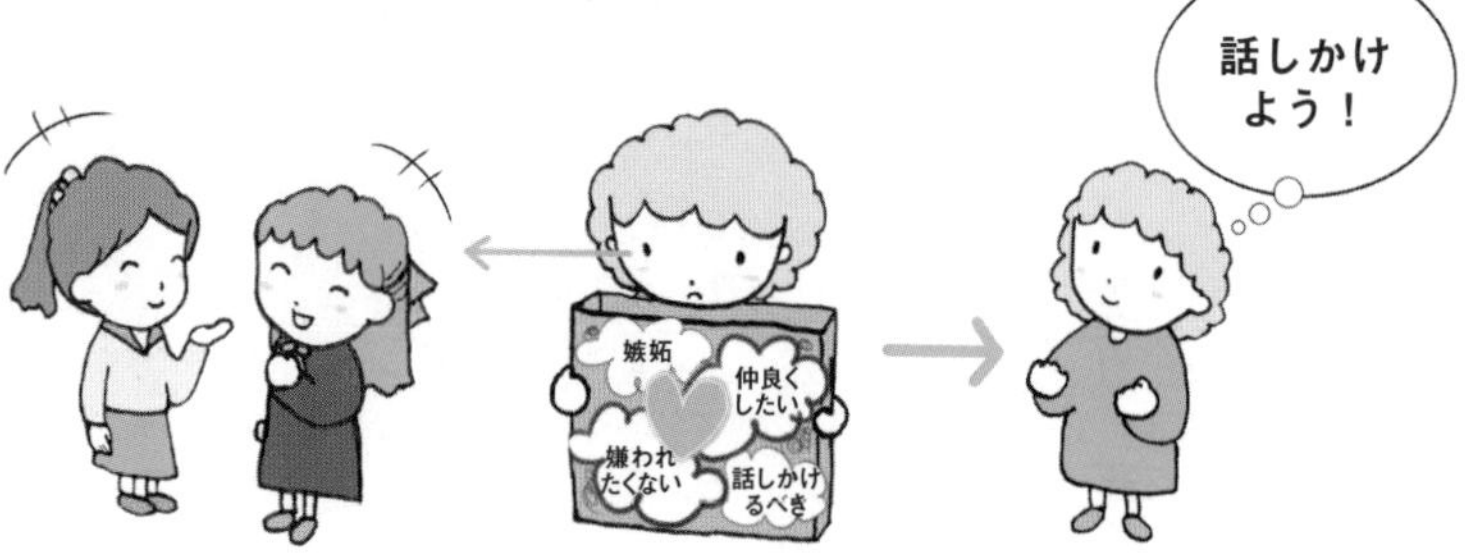

欲求・不安をコントロールするというのは、自分の心の中と周囲の観察をしてから、自分にも他人にもプラスになるような行動をすることなんだね

コントロール度が低いケース

◎親友が他の友達と楽しそうに話しているのを見たとき

自分の心の中が見えていないと、フィルターで作られた欲求・不安、感情のままに行動してしまって、自分にも他人にも良くない結果になることが多いんだね

エニアグラムタイプ判定と流派の違い

そしてもうひとつ、エニアグラムタイプの判定方法についても、いくつかお伝えしておきたいことがあります。

インターネット上やエニアグラム関係の書籍で、エニアグラムタイプ判定のための質問項目形式のテストを見かけたことがある方もいらっしゃると思います。現在そのようなテストはたくさん存在しますが、イデアサイコロジーでは質問項目式のテストでは、正確なタイプ判定は難しいと考えています。それには次の4つの理由があります。

1つ目は、質問項目式のテストでは自分の意識していることしか結果に反映されないということ、2つ目は自分の理想像に影響されてしまうケースがあること、3つ目は遺伝や親子関係などの影響で違うタイプと思い込んでしまうケースがあること、そして4つ目は、そもそも研究者によって各タイプの特徴や外見的イメージの捉え方が違うというエニアグラム業界の現状がある、ということです。

第2章で「エニアグラムタイプは乳幼児期の親子関係によって作られる」とお話ししましたが、一般的にはエニアグラムタイプの作られ方については諸説あり、大きく「乳幼児期の親子関係で作られる派」と「生まれつき決まっている派」が存在します。また、同じ「乳幼児期の親子関係で作られる派」でも研究者によって、その考え方に大きな違いがあります。ですから、各エニアグラムタイプの特徴や外見的イメージなどは、研究者によってかなり変わってきます。

この本でお話ししているエニアグラム理論は、私が今までの心理学の研究、臨床経験、個人セッションのデータ、ヌーソロジーの空間構造などを総合して導き出したイデアサイコロジー独自のものとなっています。

一般のエニアグラム判定では、遺伝や親子関係の影響を区別して考えるものはあまり見かけませんが、イデアサイコロジーでは、そこが非常に重要な部分だと考えています。そのため、第4～5章では、あなたのフィルターを細かく分析して、より正確な状態を探ることを目的にしています。現在、この本でお伝えしている手法でフィルターの内容分析を行う個人セッションをしていますが、「自分が思っていたタイプと全然違ったけど、すごく腑に落ちたし、目からうろこだった！」という相談者の方も多いです。自分の無意識と向き合う作業になりますのでエネルギーを使うかもしれませんが、ぜひトライしてみてくださいね。

また、これから各タイプの特徴とその外見的イメージをお伝えするために有名人の判定例を挙げていきますが、この判定もイデアサイコロジー独自の手法によるものです。そのため、他の研究者やご本人自身による判定の結果とは異なる場合がありますことをご了承ください。

第4～5章では、まず自分のフィルターの内容を分析しますが、実は、自分の5つのフィルターの内容と各エニアグラムタイプの特徴・構造が分かってくると、周囲の人、さらには有名人のように顔だけ知っている人のタイプや欲求・不満コントロール度もある程度分かるようになってきます。これは、先ほどお話ししたように、エニアグラムタイプが外見に影響するためです。第1章で「変換人＝目覚めた人は現実生活もうまくいく」というお話をしましたが、以上の理由で人間関係が円滑に回るようになるという面もあるんですね。

このようなことを頭に入れ、まず、各タイプの特徴が自分に表れているか、欲求・不安のコントロール度がどの程度なのかということも考えながら、読んでみてください。それでは、各タイプの特徴を見ていきましょう。

タイプ1（裁判官）の特徴

好きなこと

自分と周囲を自分の「こうあるべき」と思う状態にすること・計画通りに行動すること・仕事を完璧にこなすこと・掃除・洗濯・整理整頓

嫌いなこと

自分と周囲が自分の「こうあるべき」と思う状態にないこと・計画通りにものごとが運ばないこと・汚いもの・他人から下に見られること

趣味

社会経済分析・政治・環境動物保護・哲学・思想・心理学・芸術全般・ペット・スピリチュアル系（占星術など）

自分と周囲が自分の基準で善であると感じたい

タイプ1は、ビジネス、研究、芸術的センス、すべて兼ね備えたオールマイティタイプだよ

1

男根期＆不安系

自分の中の理想と基準を大事にする人

長所

計画性、正確性、合理性、効率性が高い・状況分析能力、論理的思考力、事務作業能力が高い・話し上手・感受性が高く、芸術的センスがある

短所

完全主義（自罰他罰）・人に任せられない・価値観の押し付け・自己中心的・思い込みが激しい・プライドが高い・気持ちを察して欲しがる・潔癖・ナルシスト・孤独感が強い・依存しやすい

適職

法律、政治、経済関係・経営者・銀行員・経理・社会学、哲学研究者・芸術系・スピリチュアル系

タイプ1が目指すべき方向

タイプ1の長所を保ったまま、完全主義よりも楽しさを生きる指針にしつつ、他人との共感や絆を深めることがタイプ1の理想の状態となります。

タイプ1に共通した外見的雰囲気

①自信家で威厳があるが、それをあからさまにしない上品さとクールさ
②超然として完全性を維持している
③喜怒哀楽をあまり出さない
④頭の回転が早く、話上手

タイプ1-9の特徴

頭の回転が早くクール だけど華がある人

同じ 1-9 でも、性別や他のフィルターの内容によってさまざまな表れ方をするんだね

外見的特徴

1-2に比べると、より華やかで洗練され、軽やかでスタイリッシュな雰囲気を醸し出します。顔の特徴としては、切れ長の目で涼し気な印象。足が長く、スタイルがよい人も多いです。

興味関心

1-2に比べて、さらに、芸術的なものや抽象世界に興味が向かう傾向があります。

男性有名人

イケメン系：竹野内豊、金城武、稲垣吾郎、市川團十郎白猿、滝沢秀明、東山紀之、新田真剣佑

個性派系：ＡＳＫＡ、北川悠仁、小田和正、西村博之（ひろゆき）、宮台真司、貴乃花光司

芸人系：藤森慎吾、春日俊彰、高橋茂雄、秋山竜次

女性有名人

清楚《せいそ》系：北川景子、杏、波瑠、多部未華子、小松菜奈、小倉優子、木村多江、木村佳乃

個性派系：中島美嘉、沢尻エリカ、ＪＵＪＵ、工藤静香、菜々緒、吉田美和、古閑美保

芸人系：松嶋尚美、横澤夏子、たかまつなな

独自のセンスを持つ クールなしっかり者

1–2 は経営やビジネスのセンスがあり、知識・理論を重視してマニュアル的に行動することを好む傾向があるの

タイプ1-2の特徴

外見的特徴

1-9に比べると、真面目で重厚なイメージになり、やや神秘的な雰囲気を醸し出します。顔の特徴としては、アイラインをひいたような、憂いを含んだ神秘的な目をしている人も多いです。

興味関心

より現実的なものへの関心が高く、環境・動物保護、世界平和、政治・ビジネスに興味・関心を持つ傾向があります。

男性有名人

イケメン系：阿部寛、唐沢寿明、松山ケンイチ、桐谷健太、三浦春馬

個性派系：安住紳一郎、坂上忍、東浩紀、竹中平蔵、メンタリストDaiGo、苫米地英人、岡田斗司夫

芸人系：西野亮廣、劇団ひとり、東野幸治、設楽統、加藤浩次、村上健志

女性有名人

清楚系：天海祐希、満島ひかり、南沢奈央、荒川静香、草刈民代、竹内結子

個性派系：一青窈、高木美保、東尾理子、遠野なぎこ、室井佑月、三浦瑠麗、夏井いつき

芸人系：井森美幸、鳥居みゆき

タイプ2（看護師）の特徴

好きなこと

他人にいい人と思われること・他人の役に立つこと・他人に必要とされること・他人に気遣われること

嫌いなこと

他人にいい人と思われないこと・他人に必要とされないこと・他人に対して罪悪感を感じること・気遣われないこと

趣味

家庭に関するもの（料理・裁縫・手芸・食器・インテリアなど）・ボランティア（とくに障害者や子供を対象としたもの）・歌

タイプ2は、周囲の人の役に立ちたいという思いが強いから、面倒見がいい兄貴・姉貴的な雰囲気を持つよ

周囲の人たちから善と認められたい

男根期&欲求不満系

2

他人からいい人と思われたい人

長所

責任感が強い・頼り甲斐がある・真面目・親しみやすい・親切・気配り上手・協調性が高い・明るい・場を盛り上げる

短所

頼られると断れない・他人に頼るのは苦手・責任感が強すぎてバーンアウトしてしまう・道徳観を振りかざして他人を批判しがち・他人が自分を「いい人」と思うように無意識に操作する

適職

医療関係・教育関係・福祉関係・料理関係・インテリアデザイナー・家庭に関するもの

タイプ2が目指すべき方向

タイプ2の長所を保ったまま、自分が何を感じ、何を考え、何をしたいのかをまず大切にして、その上で他人とのバランスをとりながらお互いによい状態を作り出すことが理想となります。

タイプ2に共通した外見的雰囲気

①頼りがいがあってエネルギッシュ
②明るく親しみやすい
③気配り上手、世話焼き
④責任感と道徳観が強くしっかりしている

タイプ2-1の特徴

責任感と道徳観が強く頼れる肝っ玉母さん

2–1 はエネルギッシュな印象を受ける人が多いけど、それは 30 ～ 40 代以上の傾向みたいだね

外見的特徴

タイプ2-3に比べると、親しみやすさと包容力があり、真面目でより道徳心が強い雰囲気を醸し出します。また、目が大きくて眼力が強く、鼻が丸い傾向、かなり太りやすい傾向があります。

興味関心

2-1の場合は、タイプ1が入ることでさらに道徳心が強くなり、教育や福祉、ボランティアなどに関心を持つケースも多いです。

男性有名人

真面目系：武田鉄矢、西田敏行

頼れるいい人系：石塚英彦、伊集院光、笑福亭鶴瓶、天野ひろゆき

女性有名人

真面目系：有働由美子

頼れるいい人系：マツコ・デラックス、森公美子、島崎和歌子、松本明子、榊原郁恵、近藤春菜、江上敬子、近藤くみこ

時代によって「望ましい女性像・男性像」が変わるから、とくに 20 代以下の女性では、はかなげなタイプも出てきているの

タイプ2-3の特徴

責任感と道徳観が強く華やかな姉御肌

一般的に、タイプ2・5・8はタイプ1・4・7や3・6・9と比べると全体数が少ない傾向があるよ

外見的特徴

2-1に比べると、見た目や優劣を気にするため、より華やかで自尊心が高いという雰囲気を醸し出します。顔の特徴としては、2-1と同様目が大きいですが、鼻は大きくない傾向があります。太る人は少なめです。

興味関心

タイプ2-3は、2-1に比べると、見た目や優劣を気にするので、より華やかな分野に興味を持ちます。とくに女性は、インテリアや食器、花、手芸、食育などに関心が高いケースもあります。

男性有名人

頼れるエンターテイナー系：中居正広、薬丸裕英、パパイヤ鈴木、山口智充、堤下敦、山本圭壱

女性有名人

清楚系：井上真央、矢田亜希子

個性派系：竹内まりや、渡辺美里

姉御肌系：藤原紀香、米倉涼子、浅野ゆう子、松下由樹、山口智子、小林幸子、安藤和津、小泉今日子、友近、はるな愛、アンミカ

タイプ3（実業家）の特徴

好きなこと

自分が社会の基準で優位であること・他人に自分が優秀であると思われること・自分が中心的立場にいられること・広く人と関わり人脈を作ること

嫌いなこと

自分が社会の基準で優位に立てないこと・自分が中心的立場にないこと・他人に見下されること

趣味

英語・海外旅行・勉強・資格取得・株などの投資・パーティー・ピアノやヴァイオリンなどの楽器演奏・その他社会的にイメージの良いもの

社会的な基準で優れていると思われたい

タイプ３は、資本主義社会の中心的存在で努力家、ビジネス全般や学習・技術習得に長《た》けているよ

3

肛門期＆満足系

優位な立場に立っていたい人

長所

努力家・コミュニケーション能力が高い・プレゼンテーション能力が高い・常識人・好奇心が強い

短所

自分の優位性を示したがる・すべてを社会的基準の優劣で判断しがち・常識外のことを受け入れられない・複雑な心理を理解しにくい

適職

社会的地位の高い仕事・英語を使用するもの・人前で話す仕事

タイプ3が目指すべき方向

タイプ3の長所を保ったまま、自分の優位性を誇示しようとせず、謙虚で、自分も他人も社会の基準だけで判断しない、より広い考え方を持つという状態が理想的です。

タイプ3に共通した外見的雰囲気

①優劣を意識していて自尊心が高い
②常識や社会的基準の中で自分がどう見えるかを気にする
③努力家で行動力がある
④しっかりした社会人

仕事ができ万人受けする純朴な好青年

タイプ3-2の特徴

3–2 男性の「控えめ系」は一見 3–2 のイメージと違うけど、遺伝的影響や経験の違いによって、プライドを前面に出さないケースもあるんだね

外見的特徴

タイプ3-4に比べると、親しみやすく純朴な好青年、万人受けする人という雰囲気を持ちます。顔・身体には、3-2すべてに共通する特徴はとくにありません。

興味関心

英語・海外旅行（移住）・留学、資格取得、株などの投資、努力によって能力を伸ばすこと（スポーツ・楽器）、社会的な人脈を築くこと（パーティーなどへの出席）などに興味を持ちます。

男性有名人

イケメン系：櫻井翔、高橋克典、藤木直人、江口洋介、要潤、上川隆也

芸人系：中田敦彦、上田晋也、田中裕二、矢部浩之、陣内智則

熱血系：松岡修造、武井壮、杉村太蔵

毒舌系：長嶋一茂

控えめ系：ふかわりょう、濱口優、福田充徳、斎藤司

女性有名人

清楚系：松たか子、松田聖子、松嶋菜々子、南野陽子、高橋みなみ

司会者系：水卜麻美、川田裕美

毒舌系：細木数子

タイプ3-4の特徴

センスと色気を持つ仕事のできる孤高の人

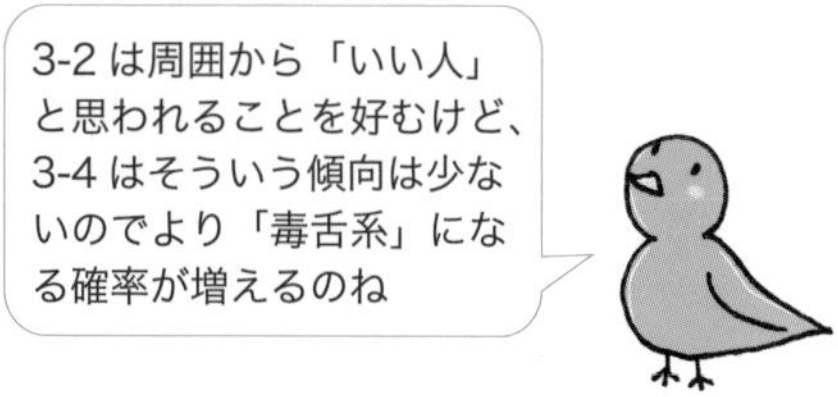
3-2は周囲から「いい人」と思われることを好むけど、3-4はそういう傾向は少ないのでより「毒舌系」になる確率が増えるのね

外見的特徴

3-2に比べると親しみやすさが少なくなり、自分の考え・意志を貫き、美的センスと独特の色気を持つ孤高の人という雰囲気を醸し出します。ややツリ目で、ミステリアスな雰囲気の目をしている傾向があります。

興味関心

3-2と同様に英語・資格取得など自己能力を磨くことを好みますが、3-2よりも芸術的センスが高いので、楽器演奏や創作活動等の芸術的分野にも興味を持ちます。

男性有名人

イケメン系：松本潤、木村拓哉、佐藤健、岡田准一、本木雅弘、郷ひろみ

芸人系：後藤輝基

毒舌系：石原良純

女性有名人

清楚系：広瀬すず、柴咲コウ、河北麻友子、蛯原友里

毒舌系：デヴィ・スカルノ、西川史子、神田うの、梅宮アンナ、田嶋陽子、勝間和代

タイプ4（芸術家）の特徴

好きなこと

自分が個性的であること・他人との絆を感じられること・感情や感覚、衝動を大切にすること・感情や感覚、衝動が湧き上がること

嫌いなこと

自分が個性的でなく、周囲に埋もれてしまうこと・他人との絆を感じられないこと・見捨てられること・感情や感覚、衝動を抑圧されること・社会的地位や損得で人とつきあうこと・偽善

趣味

芸術全般（映画・音楽・絵画・文学や創作活動）・哲学・思想

自分は存在価値があると思いたい

タイプ４は、独特な感性を持っているので、９つのタイプの中でもっとも理解が難しいタイプだよ

口唇期＆不安系

ここにいていいと感じたい人

4

長所

人と違う考え方・深い思考・芸術的センスが高い・共感能力や感受性が高い・みんなに優しい

短所

常識がない・衝動的・社会的ルールを守らない・気分屋・人間関係への依存・他人が自分を愛するように操作する

適職

芸術系・創作系（イラストレーター・デザイナー・ライターなど）・医療福祉関係（弱者との交流に本質的な絆を感じる傾向）

タイプ4が目指すべき方向

タイプ4の長所を保ったまま、社会的基準・規則を受け入れて守り、常識を身につけて社会的な立場を確立して、他人に依存せず自立した人間となるのがタイプ4の目指すべき方向性となります。

タイプ4に共通した外見的雰囲気

①独自のセンスや考え方を持っている
②奥底に繊細さや弱さを持つ
③社会的規範や常識を重視しない
④純粋さと目の前の人への優しさ

繊細さと強烈な個性を持ち カッコよさを追求する人

タイプ4-3の特徴

4–3はいい人系（イケメン系・清楚系・天然系・ボーイッシュ系・キャリアウーマン系）と個性派系に分かれるよ。いい人系は、個性よりも人とのつながりを重視するんだね

外見的特徴

4-5に比べると、他人の目や優劣を気にするため、華やかで見た目を意識し、自尊心が高いという雰囲気を醸し出します。口がやや小さく、鼻と口の距離が近いという傾向があります。

興味関心

芸術全般や思想、福祉などに興味を持ちます。ただ4-3は、4-5に比べると、社会的基準でカッコいいとされることにより興味が向かう傾向があります。

男性有名人

イケメン・いい人系：大野智、星野源、石田純一

陽的個性派系：松本人志、北野武、太田光、有田哲平、桑田佳祐、ＧＡＣＫＴ、美輪明宏、山田孝之

陰的個性派系：坂本龍一、庵野秀明、Ｆｕｋａｓｅ、野田洋次郎、又吉直樹、落合陽一

女性有名人

清楚系：山本美月、浅田真央

天然系：綾瀬はるか、相田翔子

ボーイッシュ系：箕輪はるか、光浦靖子

キャリアウーマン系：ギャル曽根、高見恭子

陽的個性派系：浜崎あゆみ、椎名林檎、きゃりーぱみゅぱみゅ、椿鬼奴、ＹＯＵ

陰的個性派系：橋本愛、中森明菜

繊細でみんなに優しい とことん自分に入り込む人

タイプ4・5の特徴

4–5のいい人系は、
目の前の相手の気持ちを
大事にして、無意識に
相手の雰囲気や口調、
話の内容に自分を合わせ
てしまう傾向があるよ

外見的特徴

4-3に比べると他人の目や優劣をあまり気にしないので、ややおとなしめで包容力があり、純粋で周囲の人みんなに優しいという雰囲気を持ちます。とくに男性は、唇が厚く、体格がいい傾向があります。

興味関心

芸術全般や思想、福祉などに興味を持つのは4-3と同じですが、4-5は自分の内面にとことん入り込むので哲学に興味を持つ人が多いのが特徴的です。

男性有名人

イケメン系：斎藤工、北村匠海、柳楽優弥、青木崇高、佐藤浩市、織田裕二

いい人系：船越英一郎、市村正親、富澤たけし、藤井隆

個性派系：玉置浩二、宮本浩次、辻仁成、宮崎駿、新海誠、久石譲、神田伯山、河合隼雄、中沢新一

厳格系：堀江貴文、小籔千豊

反抗系：藤原一裕、シバター

女性有名人

清楚・いい人系：土屋太鳳、仲間由紀恵、大江麻理子、乙葉

個性派系：MISIA、miwa

4–5の男性には一部に、
タイプ1の要素が強い
厳格系や、ちょっと反抗
的な雰囲気を持つタイプ
もいるの

タイプ5（研究者）の特徴

好きなこと

世界の法則を知り、知識として理解すること・世界の動き方を観察し法則性を見いだすこと・安心できる空間にいること

嫌いなこと

会社、銀行、役所などの社会全般と関わること・人前で話すこと・大勢の人と広く浅く関わること

趣味

科学（とくに数学・物理学）や文系の研究全般・芸術系・ファンタジー・ＳＦ・スピリチュアル系（とくに超古代の歴史・占星術・幾何学的なものなど）

世界の動き方を知って自分は安全と思いたい

タイプ5は、論理的思考が得意で、事実の観察から法則を見いだす洞察力に優れたタイプだよ

口唇期＆欲求不満系

世界の動きを把握していたい人

長所

洞察力や観察力、客観的論理的思考力が高い・革新的・物腰が柔らかい・素直で純粋・共感能力が高い・正直

短所

消極的・非社交的・閉じこもる・不安を感じやすい・頼りない・警戒心が強い・ストレートにものを言いすぎる・情に欠ける・頑固

適職

研究職・ひとりでできる仕事・創作系

タイプ5が目指すべき方向

タイプ5の長所を保ったまま、社交的になってきちんとした社会人として仕事をこなし、人前でも堂々と話してリーダーシップを発揮するという状態がタイプ5の目指すべき理想像となります。

タイプ5に共通した外見的雰囲気

①おとなしく物腰が柔らかい
②全体的にエネルギーが弱め
③純粋で神秘的な雰囲気
④奥底には頑固な一面も

タイプ5-4の特徴

儚《はかな》げで神秘的な雰囲気を持つ真実を追求する人

外見的特徴

5-6に比べると他者に影響されにくく、自分軸をしっかり持った神秘的な人という雰囲気を持ちます。面長、目は切れ長でタレ目気味、鼻が高い傾向があります。ひょろっとした痩せ型の人が多いです。

興味関心

科学や文系の知識全般や芸術系。現実社会に常に圧迫感を感じているので、ファンタジー・SFやスピリチュアル系の知識を好む傾向もあります。

男性・女性有名人

イケメン系：ディーン・フジオカ、神木隆之介、コムドットゆうた

個性派系：草野マサムネ、青木隆治、前田裕二、澤口俊之、楳図かずお、今敏、角野隼斗（ピアニスト）

芸人系：ヒロシ、博多大吉、矢部太郎、馬場裕之、石田彰、ツネ（2700）、シークエンスはやとも、ゆりやんレトリィバァ

タイプ5は一般的にも人数が少なめで、かつ人前に出るのが苦手なためか、とくにテレビに出るような女性有名人が少ない傾向があるの。だから男女一緒にしているわ

儚げだけど親しみやすい マイペースな夢追い人

タイプ5・6の特徴

とくに5–6はテレビに出るような有名人が少なく、「繊細ないい人系」の1系統のみになるよ

外見的特徴

5–4に比べると他人に好かれることを求めるため、親しみやすく純粋で、一切飾り気のない「いい人」という雰囲気を醸し出します。5–4と同様、面長、目はややタレ目で鼻が高い傾向があります。

興味関心

知識の体系化や真実を突き詰めるケースは少なく、どちらかというと人柄や世界観を芸術系で表現することに興味を持つケースが多いようです。

男性・女性有名人

繊細ないい人系：草彅剛、伊藤一朗（ELT）、石井一久、浜口京子、鈴木重子（ヴォーカリスト）

5–4も含めて、タイプ5は研究者や作家・漫画家などに多いのかもしれないわね

タイプ6（営業マン）の特徴

好きなこと

関わりのあるすべての人に好かれること・社会的基準で認められること・流行に乗ること

嫌いなこと

関わりのある人に嫌われること・社会的基準で認められないこと・流行に乗っていないこと・劣等感を感じること

趣味

社会的によいと認められたものや思春期に流行っていたもの、現在流行っているもの（音楽・スポーツ・ヨガ・アロマなど）

社会的権威から認められたい

タイプ6は、人情に厚く勤勉で、周囲の空気や社会的な流行に敏感な気配り上手のタイプだよ

6

男根期＆満足系

みんなに好かれたい人

長所

親しみやすい・人懐こい・気配り上手・思いやりがある・勤勉・公平・常識人・流行に敏感

短所

劣等感を持ちやすい・自分を犠牲にしがち・深い関係を築くことを怖がる・人の顔色ばかり見る・人間関係を回避する・自分の責任で決められない・自分の意見がない・依存的・弱者を見下す

適職

人と関わる仕事全般（営業・販売など、フリーランスよりも組織に属すほうが能力を発揮できる傾向）・社会的に認められた仕事

タイプ6が目指すべき方向

タイプ6の長所を維持したまま、すべての人に好かれていなくても自分の安定と自信を保ちつつ、他人と世界に対する信頼感と自分の考え方を持つことが望ましい状態です。

タイプ6に共通した外見的雰囲気

①親しみやすく周囲に奉仕する
②おとなしめで腰が低い
③常識や社会的基準で認められるよう行動する
④奥底には自尊心が高い一面も

タイプ6-5の特徴

清楚《せいそ》で親しみやすい しっかりした常識人

外見的特徴

6-7に比べると、知識や真理の探求等に興味が向かうため、清楚で透明感や神秘性を持つ真面目な人という雰囲気を醸し出します。目は、大きくはなく涼しげな印象。身体は華奢《きゃしゃ》な傾向があります。

興味関心

6-7に比べると、より数学・物理学などの科学全般や、哲学・思想など専門知識に興味を持ちます。男性は政治家や官僚に多い傾向があります。

男性有名人

控えめで真面目な常識人系：水谷豊、滝藤賢一、大槻義彦、福田康夫、小渕恵三、尾身茂

女性有名人

清楚系：松本穂香、雛形あきこ、アグネス・チャン、ビビアン・スー

自信家系：田中みな実、小雪、滝川クリステル

タイプ6は、「親・権威に認められる子供」という自分イメージが基盤となっているので、無意識に自分を低い位置に置きがちで、劣等感を持ちやすい傾向があるの。だから、そのような自分の自尊心の低さや劣等感を嫌がり、逆に強気で自信のある雰囲気を持つようになるケースもあるわ

タイプ6-7の特徴

明るく人懐こい 皆に好かれる奉仕者

タイプ6は優しさや親しみやすさ、弱さを売りにするタイプと、それを嫌がって、強気で自信のある雰囲気を打ち出すタイプがあるんだね

外見的特徴

6-5に比べると、周囲を楽しい雰囲気にしたい気持ちが強いので、明るくて人懐こいお調子者というような雰囲気を持ちます。目は大きくはっきりとした二重で、どちらかというと濃い顔の人が多いです。

興味関心

タイプ7の要素が入るので、頭を使うことよりも、より人を楽しませることや芸術系に興味を持つ傾向があります。

男性有名人

イケメン系：羽鳥慎一、高橋大輔、コムドットひゅうが

個性派系：槇原敬之、徳永英明、藤井風

芸人系：出川哲朗、林家正蔵、たかし

自信家系：有吉弘行、哀川翔

女性有名人

清楚系：熊田曜子、新山千春、田丸麻紀、奥菜恵、香椎由宇

自信家系：長澤まさみ、安藤美姫

タイプ6-7にはまれに作曲の才能がある人もいるよ。そういう場合、人を癒すような暖かい雰囲気の曲を作る傾向があるんだ

タイプ7（芸人）の特徴

好きなこと

周囲を楽しい雰囲気にすること・周囲から注目されること・人を笑わせること・自由

嫌いなこと

注目されないこと・シリアスな雰囲気になること・孤独を感じること・社会的な規範で縛られること

趣味

芸術全般（さまざまな分野に広く関心を持ち、軽くポップなセンスを持つ傾向）・哲学・心理学・スピリチュアル系（世界を知りたい傾向）・お笑い・落語

タイプ7は、物怖《ものお》じしない雰囲気があって、独自のセンスと頭の回転の速さはピカイチなんだ

楽しい雰囲気にして孤独から逃れたい

7

肛門期＆不安系

周囲を楽しい雰囲気にしたい人

長所

明るい・度胸がある・場を盛り上げるのがうまい・独自の発想・頭の回転が速い・話し上手・正義感が強い・モノマネがうまい・革新的

短所

プライドが高く謝るのが苦手・落ち着きがない・さみしがりや・弱者をいじる・反抗的・注目を浴びようと演技的になる・弱さを見せられない・傷つくと閉じこもる・正義感を押し付ける・潔癖

適職

芸能系（とくに芸人・タレント）・芸術系・創作系（イラストレーター・ライター・デザイナーなど）・人前で話す仕事

タイプ7が目指すべき方向

タイプ7の長所を保ったまま、孤独への耐性が上がり、周囲の注目を浴びなくても精神的に安定することができ、落ち着いた雰囲気を醸し出せる状態が理想的。広く深い知識と思慮深さが加わるとさらに望ましいです。

タイプ7に共通した外見的雰囲気

①エネルギッシュで度胸がある
②頭の回転が早く話上手で、独自のセンスや考え方を持つ
③自由を愛し、束縛や指図を嫌う
④奥底には傷つきやすい一面も

タイプ7-6の特徴

明るく親しみやすい独自のセンスを持つ自由人

外見的特徴

7-8に比べると人に好かれることを求めるので、親しみやすく多趣味な自由人という雰囲気を持ちます。タイプ7に共通の特徴として頬の位置が高い・筋肉質という傾向がありますが、7-8よりも目がやや大きく丸い印象です。

興味関心

7-8に比べると、クセやトゲのあるものではなく、親しみやすく万人受けするものを好む傾向があります。

男性有名人

イケメン系：香取慎吾、国分太一、井ノ原快彦

個性派系：久保田利伸、長友佑都、ナオト・インティライミ

芸人系：木梨憲武、所ジョージ、関根勤、小堺一機、山寺宏一、HIKAKIN

クール系：大悟（千鳥）

女性有名人

バラエティータレント系：森口博子、坂下千里子、山瀬まみ、はしのえみ、篠原ともえ

タイプ7–6は、明るく楽しい雰囲気で話上手。誰にでも好かれ親しみやすい雰囲気を持っているのね

度胸とセンスで周囲を盛り上げるエンターテイナー

7–8の有名人は、なんと言っても芸人が多いけど、ミュージシャンやスポーツ選手も多いんだね

外見的特徴

7－6に比べると常識や人にどう思われるかをあまり気にしないので、度胸があって独自のセンスで場を盛り上げる人という雰囲気を持ちます。タイプ7共通の傾向に加え、ややツリ目の人が多いです。

興味関心

7－6に比べると、よりスポーツや芸術全般、思想などに興味を持つケースが多くなります。

男性有名人

イケメン系：二宮和也、鈴木亮平、玉木宏、大泉洋

個性派系：Ｃｈａｇｅ、スガシカオ、西川貴教、宮根誠司、朝倉未来、吉田麻也

陽的芸人系：明石家さんま、南原清隆、千原ジュニア、梶原雄太、ラファエル

陰的芸人系：タモリ、土田晃之、山里亮太

クール系：本田圭佑、島田紳助、ヒカル

女性有名人

女優系：水川あさみ、真矢ミキ、泉ピン子、松居一代

個性派系：松任谷由実、広瀬香美、倖田來未、高嶋ちさ子、平野レミ

芸人系：久本雅美、上沼恵美子、大久保佳代子、イモトアヤコ、千秋、鈴木紗理奈、清水ミチコ

タイプ8（教祖）の特徴

好きなこと

自分が周囲の人たちを動かすこと・自分が周囲の人たちをコントロールする力があると感じること・自分が中心であると他人に思わせること・他人に肯定的に捉えられること

嫌いなこと

周囲の人たちが自分の力を認めないこと・自分が中心として扱われないこと・他人にコントロールされること・屈服すること・他人に否定的に捉えられること

趣味

自分の力を誇示できるもの・リーダーシップを発揮できるもの・スリルのあるもの・歌・料理

タイプ８は頼りがいのある親分肌だけど繊細な部分もあって、すごく他人に気を遣うタイプの人もいるよ

周囲をコントロールする力を持ちたい

8

肛門期＆欲求不満系

周囲の人たちを動かしたい人

長所

堂々としている・行動力がある・頼りがいがある・リーダーシップがある・面倒見がいい・男気がある

短所

見栄っ張り・自己中心的・威圧的・相手が自分より上か下かによって態度を変える・嫌われたくない人の言うことはすべて受け入れてしまう（他人軸で動きがち）・怖がり（おばけや高所、閉所、ヘビ、虫など）

適職

リーダーシップの必要な仕事・指導的立場の仕事

タイプ8が目指すべき方向

タイプ8の長所を保ったまま、謙虚な姿勢を身につけ、自分と他人の状況を客観的に分析し、自分と自分が属する集団全体の幸せのために行動するようになるのが理想的な状態です。

※他人軸で動きがちなケースは、まずタイプ8の長所を獲得することを目指します。

タイプ8に共通した外見的雰囲気

①どっしりとした安定感がある
②面倒見がよく包容力がある
③威圧的になる人と、他人軸で動きがちな人に分かれる
④奥底には怖がりで神経質な一面も

堂々として我が道を行く お山の大将

タイプ8-7の特徴

8–7は堂々とした威厳のある雰囲気に、芸術的センスやお笑いのセンスが加わっているイメージなんだね

外見的特徴

8-9に比べると、より自分の興味を追求することを重視するので、ややとがったイメージになり、我が道を行くお山の大将という雰囲気を醸し出します。ややツリ目で目の間の距離が近い傾向があります。

興味関心

8-9に比べると、芸術的センスや面白さを追求することに興味を持つ傾向があります。また、料理や歌がうまいケースも。

男性有名人

イケメン系：堂本剛、近藤真彦
貫禄系：松方弘樹、梅宮辰夫
個性派系：前田亘輝、北島三郎、デーモン閣下、横山剣、箕輪厚介（編集者）
芸人系：石橋貴明、宮迫博之、ケンドーコバヤシ、グッチ裕三、品川祐、原西孝幸

女性有名人

女優系：土屋アンナ、杉本彩、江角マキコ
個性派系：大黒摩季、ＡＩ
芸人・タレント系：和田アキ子、ＬｉＬｉＣｏ、青木さやか

タイプ8-9の特徴

威厳と包容力を持つ頼れる兄貴分

8–9の有名人はとくに女性が少ないので、一緒に書いているよ

外見的特徴

周囲と自分が平和で安定していることを求めるので、やや穏やかで包容力があり、ライトでやんちゃな雰囲気を持ちます。8-7よりも目は丸く柔らかい感じになり、男性ではダンディな雰囲気を持つこともあります。

興味関心

8-7に比べると、より現実の人間関係やグループ活動で、皆が気持ちよく過ごすことに意識が向きやすい傾向があります。楽器演奏に適性を持つケースも。

男性・女性有名人

やんちゃ系：村上信五、諸星和己、SHELLY、菅本裕子

貫禄系：梅沢富美男、中尾彬、石原裕次郎

個性派系：中村獅童（2代目）、葉加瀬太郎、反田恭平（ピアニスト）、伊東たけし（サックス奏者）、日野皓正（トランペット奏者）

20代以下の世代には「貫禄系」はほとんど見られず、とくに8–9はより優しく親しみやすい雰囲気を持つケースが増えているの

タイプ9（庭師）の特徴

好きなこと

自分と周囲が平和で調和していること（何もネガティブな問題がないこと・自分の感情が安定していること・周囲の人たちが精神的に安定していること）

嫌いなこと

自分と周囲が平和でなく調和していないこと（自分や周囲に問題が生じること・自分に怒りなどのネガティブな感情が生じること・周囲の人が感情的になること）

趣味

調和や平和、安心を感じられるもの・健康法・芸術系（音楽・詩・短歌・俳句・イラストなど）

自分と周囲が常に問題がない状態であって欲しい

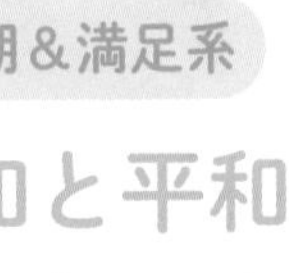
タイプ9は、楽観的で安定しているから、多くの人と自然につきあえるコミュニケーション上手だよ

口唇期＆満足系

調和と平和を保ちたい人

長所

楽観的・精神的に安定している・大らか・安心感を与える・誰とでも仲良くなれる・調停役

短所

問題やネガティブな感情を見たがらない・先延ばし癖・主観的で客観的思考が苦手・場の空気が読めない・共感能力が低い・頑固でマイペース

適職

人と接する仕事・芸術系・創作系

タイプ9が目指すべき方向

タイプ9の長所を保ったまま、自分や他人、世界のネガティブな側面も直視し、その都度問題を解決し、自分の価値観を持つようになるのが理想的な状態です。客観的思考と共感能力を身につけ、周囲の人と深い絆を築くことを目指すとさらに望ましいです。

タイプ9に共通した外見的雰囲気

①安定していて自己肯定感が高い
②誰とでも気軽にコミュニケーションできる
③ライトで楽観的な雰囲気
④ネガティブなものを避けがちで見たいものしか見ない主観的傾向

爽《さわ》やかでやんちゃな楽観主義的自信家

「やんちゃ系」は、タイプ9の主観的で天然っぽい傾向とタイプ8の強気さをあわせ持つタイプなんだね

タイプ9-8の特徴

外見的特徴

目の前の人との力関係で優位に立つことを求めるので、爽やかな自信家というような雰囲気を醸し出します。ややツリ目で、やんちゃな雰囲気も持っています。タイプ9は共通してスタイルがよい傾向があります。

興味関心

9-1に比べると、周囲の人の状態よりも、自分の意志や考えを重要視して我が道を行く傾向があります。

男性有名人

イケメン系：相葉雅紀、菅田将暉、上地雄輔、コムドットやまと

個性派系：氷川きよし、田中将大

芸人系：庄司智春、山崎弘也、渡部建

女性有名人

清楚系：本田翼、藤本美貴、里田まい、安田美沙子、相武紗季

やんちゃ系：ローラ、華原朋美

郵便はがき

恐縮ですが切手をお貼りください

101-0051

東京都千代田区神田神保町3-2
高橋ビル2階

株式会社 ナチュラルスピリット

愛読者カード係 行

フリガナ			性別
お名前			男・女
年齢	歳	ご職業	
ご住所	〒		
電話			
FAX			
E-mail			
お買上書店	都道府県	市区郡	書店

ご愛読者カード

ご購読ありがとうございました。このカードは今後の参考にさせていただきたいと思いますので、アンケートにご記入のうえ、お送りくださいますようお願いいたします。

小社では、メールマガジン「ナチュラルスピリット通信」(無料)を発行しています。
ご登録は、小社ホームページよりお願いします。**https://www.naturalspirit.co.jp/**
最新の情報を配信しておりますので、ぜひご利用下さい。

●お買い上げいただいた本のタイトル

●この本をどこでお知りになりましたか。

1. 書店で見て
2. 知人の紹介
3. 新聞・雑誌広告で見て
4. DM
5. その他 (　　　　　　　　　　　　)

●ご購読の動機

●この本をお読みになってのご感想をお聞かせください。

●今後どのような本の出版を希望されますか?

購入申込書

本と郵便振替用紙をお送りしますので到着しだいお振込みください(送料をご負担いただきます)

書　籍　名	冊数
	冊
	冊

●弊社からのDMを送らせていただく場合がありますがよろしいでしょうか?

□はい　　□いいえ

天真爛漫《らんまん》で上品な平和と安定を愛する人

タイプ9-1の特徴

9–1は「天然系」が多い
傾向があるんだね

外見的特徴

9-8に比べると、善悪や社会的基準のほうに意識が向かうため、穏やかさと上品さが加わった平和と安定を愛する人という雰囲気を醸し出します。目は丸く優しい雰囲気になります。

興味関心

タイプ1の几帳面さと芸術センスが加わり、整理整頓や芸術系に興味を持つケースがあります。

男性有名人

イケメン系：平野紫耀、速水もこみち、DAIGO、EXILE TAKAHIRO
個性派系：徳光和夫
芸人系：みやぞん、ウド鈴木

女性有名人

清楚系：佐藤栞里、白石麻衣、筧美和子、安めぐみ、吉永小百合、小林麻央
個性派系：矢野顕子、俵万智
天然系：滝沢カレン、山口もえ、鈴木奈々、中村玉緒、浅田美代子、高畑淳子

「個性派系」は芸術的
センスがあり、
力の抜けたナチュラルな
雰囲気を持つわ

※各タイプごとに挙げた有名人の例は、イデアサイコロジー独自の手法による判定結果に基づくものです。他の研究者の方やご本人自身による判定の結果とは、異なる場合がありますことをご了承ください。

第 4 章

あなたの６つのフィルターを分析してみよう

あなたの「好きなこと・嫌いなこと」「長所・短所」は？

それでは、まず最初に、あなたのエニアグラムタイプを探っていきましょう。エニアグラム各タイプの特徴が、あなたの中ではどのように表れているのかを見ていきます。次のチェックシートの質問の答えを、メモ用紙やノート、パソコンやスマートフォンでも結構ですので、書き出してみてください。

〈チェックシート1〉

❶あなたが好きなこと・楽しいこと・気持ちがいいこと・安心することは何ですか？　できるだけ多く書いてください。

例 ものが決まった位置に整然と並んでいること・他人に頼りにされること・能力が認められること・人と違った個性があること・法則性を見つけること・人に好かれること・人を笑わせること・人に慕われること・何も問題がなくリラックスできること

❷あなたが嫌いなこと・怖いこと・イライラすること・避けたいことは何ですか？　できるだけ多く書いてください。

例 物事が決めた通りに運ばないこと・罪悪感を感じること・能力がないと思われること・人に見捨てられること・人前で話すこと・人に嫌われること・孤独を感じること・人に従うこと・周囲の人がケンカしているのを見ること

❸あなたの長所は？　できるだけ多く書いてください。

例 キレイ好き・責任感が強い・努力家・センスがある・洞察力が高い・気配り上手・頭の回転が早い・リーダーシップがある・人の良い面を見る

❹あなたの短所は？　できるだけ多く書いてください。

例 自分の考えを押し付ける・頼られると断れない・自慢が多い・常識がない・閉じこもりがち・依存的・落ち着きがない・人の意見を聞かない・先延ばし癖

❺あなたの趣味や興味のあることは何ですか？　それを好きな理由は何ですか？

❻あなたの仕事は？　その仕事を選んだ理由は何ですか？　ほんとうにしたい仕事はどのような仕事ですか？（働いていない方は、どのような仕事がしたいですか？）

書いてみていかがでしたか？　なかなか思いつかず苦労した方もいらっしゃるかもしれません。いま、あなたが書いた内容には、おそらくエニアグラムタイプの影響から生じるもの以外の、遺伝や経験から来るものも混在しています。ですので、そこからエニアグラムタイプの情報を取り出していきましょう。

(1)　❶（好きなこと）と❸（長所）を見て、❶が❸を生み出しているという関係になっていると思われるものを探してみましょう。1つの好きなことに対して長所は複数でも構いません。

例　（好きなこと）人の役に立つこと
　→（長所）面倒見がいい・責任感が強い
（好きなこと）能力が評価されること
　→（長所）努力家

(2)　❷（嫌いなこと）と❹（短所）を見て、❷が❹を生み出していると思われるものを探してみましょう。1つの嫌いなことに対して短所は複数でも構いません。

例　（嫌いなこと）嫌われること
　→（短所）自己犠牲しがち・人の顔色をうかがう
（嫌いなこと）馬鹿にされること
　→（短所）威圧的

(3)　(1)と(2)で取り出した「好きなことと長所」「嫌いなことと短所」の組み合わせの中で、(1)・(2)が互いに裏表の関係になっているものはありますか？　あれば、それは❺（趣味）や❻（仕事）の内容とも関係していますか？

「好きなことと長所」と「嫌いなことと短所」が互いに裏表になっており、趣味や仕事とも関係していれば、第3章の各タイプ（100～135ページ）の特徴と照らし合わせてみましょう。❶～❻であなたが書いた内容と同じような記述があれば、それがあなたのタイプである可能性が高いです。
趣味や仕事と関係していなくても、「好きなことと長所」と「嫌いなことと短所」が互いに裏表になっており、第3章の各タイプの特徴に同じ内容の記述があれば、そのタイプである可能性が高いです。この情報はあとで使用しますので、ここで「可能性が高いタイプ」が出たあなたは書いておいてください。

⑷　⑶で可能性の高いタイプが出なかった場合は、❶～❻で書き出した「好きなこと」「嫌いなこと」「長所」「短所」「趣味」「仕事」の中で、第3章の各タイプの特徴と同じものがあるか見てみてください。同じものが1つでもあったら、そのタイプを「可能性のあるタイプ」として書いておいてください。タイプは複数でも構いません。あとのエニアグラムタイプ判定の際に使用します。

第2章で述べたフィルターのしくみやエニアグラムタイプの説明を読むことと、それが実際自分の感情や行動にどのように表れているのかを探ることとは、似ているように見えてまったく違うレベルの頭を使うことなので、とくに普段自分と向き合う習慣がない方にとっては、かなり大変な作業だったのではないかと思います。

でも、こうして改めて書き出すことによって、普段あまり考えずにしている発言や行動の奥には、このようなエニアグラムタイプのシステムが働いているケースがあることを実感していただければ嬉しいなと思います。

あなたの外見的雰囲気は？

では次に、あなたの外見や全体的な雰囲気に、エニアグラムタイプの特徴がどのように表れているのかを見ていきます。次の質問の答えを書き出してみてください。

〈チェックシート2〉

❶あなたは他人からどのような人と思われていると思いますか？　自分がそう思われたいというイメージや、特定の人からそう思われているというものではなく、不特定多数の人から客観的にどう見えているかというものを書いてください。

例おとなしくて柔らかい雰囲気の引っ込み思案・社交的で行動力があり、好奇心旺盛

❷あなたの顔の特徴は？

目は（例大きい・切れ長・ツリ目・タレ目・まつ毛が長い）

鼻は（例大きい・高い・鼻筋が通っている）

口は（例大きい・小さい・唇が厚い）

❸あなたの身体の特徴は？

④各タイプの有名人のリストの中にあなたと似ていると思う有名人はいますか？　その方の名前とタイプを書いてください。複数でも構いません。

例 痩せている・太め・筋肉質・足が長い

では、いま書き出したものを分析していきましょう。

(1) ❶(あなたの外見的雰囲気)で、第3章の各タイプ（100〜135ページ）の外見的雰囲気に当てはまるものはありましたか？　1つでも当てはまったら、「可能性のあるタイプ」として書き出してください。複数でも構いません。

(2) ❷(あなたの顔の特徴)と❸(あなたの身体の特徴)で、各タイプの外見的特徴に当てはまるものはありましたか？　1つでも当てはまったら、「可能性のあるタイプ」として書き出してください。複数でも構いません。

(3) (1)と(2)で出た「可能性のあるタイプ」、そして❹(似ている有名人)のタイプの中で共通するタイプはありましたか？　あったら、それは「可能性の高いタイプ」となりますので、書き出してください。複数でも構いません。

いかがでしたか？〈**チェックシート1**〉より書きやすかったのではないかと思います。この外見的雰囲気や外見的特徴は、エニアグラムタイプ判定でもっとも重要な要素です。

第3章でお話ししたように、人間はどうしても自分の理想に影響されてしまったり、都合のいいように物事を解釈してしまったりする傾向を持っています。そのため、好きなこと・嫌いなこと、長所・短所などの特徴は、自分で正しく認識できていない場合も多く、エニアグラムタイプも本来のものとは違うタイプだと思い込んでしまうケースも多いです。そうなると、他我化と同様の作用が起こってくる場合もありますので、あまり確信が持てないときは、まずはすぐにどれか1つのタイプと断定せず「このタイプとこのタイプの可能性はあるけど、まだ分からない」という姿勢でいることがおすすめです。

また、間違いやすいケースには、基本的には次のようなパターンがあります。エニアグラムタイプは口唇期系(4・5・9)、肛門期系(3・7・8)、男根期系(1・2・6)、そして欲求不満系(2・5・8)、満足系(3・6・9)、不安系(1・4・7)に分けることができますが、同じグループに属する3つのタイプは互いに似ている部分があるので、間違いやすい傾向があるんですね。

さらに、欲求・不安のコントロール度が極端に高いケースや低いケース、遺伝や親子関係の影響が大きいケース、他我化のケースなども、エニアグラムタイプの特徴がストレートに出にくくなるので、自分では分かりにくい場合もあります。

以上のような場合でも、外見的雰囲気や外見的特徴は、自分では意識できないところで自然と形成されていくものですので、もっとも正しく自分のエニアグラムタイプを表していると考えられるんですね。ですからイデアサイコロジーでは、外見的特徴の分析をエニアグラムタイプ判定の軸として考えています。

あなたのエニアグラムタイプを判定しよう

では、最終的なあなたのエニアグラムタイプを判定していきたいと思います。

(1) 〈チェックシート1〉〈チェックシート2〉で共通して出てきた「可能性の高いタイプ」はありますか？　それが1つに決まれば、それがあなたのエニアグラムタイプです。

(2) (1)で出てきたタイプが複数である場合、〈チェックシート2〉を重視してください。

(3) (1)で共通するタイプがなかった場合は、〈チェックシート1〉〈チェックシート2〉で出た「可能性のあるタイプ」も入れて見てください。その上で、2つのチェックシートの結果に共通したタイプがあれば、それがあなたのエニアグラムタイプである可能性が高いです。複数ある場合は同様に、〈チェックシート2〉の結果を重視してください。

(4) タイプが判定できた場合、自動的に欲求・不安のコントロール度も決まってきます。各タイプの特徴を見ながら、そのタイプの長所・短所が自分の中ではどれくらいの割合で表れているか判定してみてください。基本的に、長所が多ければ欲求・不安コントロール度は高め、短所が多ければ低めとなります。もちろん欲求・不安コントロール度は、1日の中でも変動しますし、数日、数週間、数カ月、数年のスパンでも変わっていきます。最近の中での平均値で考えてください。

(5) 以上の4つの作業でタイプが分からなかった場合は、他のフィルターの影響が強くなっていることも考えられます。まず〈チェックシート3〜7〉までをやってみて、そこで出た内容の影響を差し引いて再度〈チェックシート1、2〉の内容を分析してみると、自分のエニアグラムタイプが見えてくることもあります。

あなたの乳幼児期・児童期の経験のフィルターの内容は？

それでは次に、あなたの乳幼児期・児童期の経験のフィルターについて見ていきましょう。〈**チェックシート3、4**〉は、あなたの乳幼児期（0～6歳）・児童期（6～12歳）の記憶を掘り起こす作業になります。次の質問の答えを書き出してみてください。

少しでもキツイなと感じたら、無理せずゆっくり時間をかけて書いてください。どうしても書けそうにない、思い浮かばない、記憶がないという場合は〈**チェックシート3、4**〉は飛ばして、〈**チェックシート5**〉にいきましょう。また、乳幼児期と児童期ではイメージが違う場合は、それぞれ分けて書いてみてください。

〈チェックシート3〉

❶0～12歳のあなたにとって、両親はどんな存在でしたか？　また両親にとって、あなたはどんな存在でしたか？

例 あなたにとっての両親：常に寄り添って、自分を導いてくれた。きちんと深い話をすることがなかった。機嫌が悪いと当たってくる。自分の考えを押し付ける。

例 両親にとってのあなた：とても大事にされ、愛される存在だった。聞き分けの良い、いい子だった。面倒ばかりかける子供だった。

〈チェックシート4〉

❶ 0～12歳のあなたの周囲の環境はどのようなものでしたか？　両親の状態・兄弟姉妹・幼稚園や保育園、小学校の友人・先生のことなどを書いてください。

例 両親はケンカばかりしていた。兄が大好きでいつも遊んでもらっていた。幼稚園に行きたがらず泣いていた。

❷ 0～12歳のあなたにとって、周囲の世界とはどのようなものでしたか？

例 自分を受け入れてくれるもの。自分に無関心なもの。言う通りにしていないといけないもの。自分を圧迫してくるもの。自分を導いてくれるもの。

❸ 0～12歳のあなたはどんな子供でしたか？　記憶に残る経験もあれば書いてください。

例 素直ないい子だった。わがままだった。よく兄弟ゲンカしていた。甘えん坊だった。目立ちたがりだった。

❹ 0～12歳のあなたは、自分をどのような存在だと感じていたと思いますか？

例 親の顔色を見ていい子にしていれば、問題が起こらないと感じていた。好きなことを好きなだけやっていた。お姉さんらしくしていなければと感じていた。

❺〈チェックシート3〉の❶、〈チェックシート4〉の❷・❹で書き出した自己・他者イメージに関する質問です。あなたは以下の①と②、どちらに当てはまりますか？

①〈チェックシート3〉の❶、〈チェックシート4〉の❷・❹の自己・他者イメージは自分の性格を構成する一部ではあっても、これらのイメージだけに強く影響されて行動することはほとんどない。

②これらのイメージがいまの自分に大きく影響しており、このイメージから生じる感情や考え方、価値観によって行動することが多い。

いかがでしたでしょうか。この乳幼児期・児童期の自己・他者イメージを書き出すのは、分量も多いしもっとも大変だったという方もいらっしゃると思います。

この〈チェックシート3〉〈チェックシート4〉で書き出した内容が、あなたの「乳幼児期・児童期の経験のフィルター」の内容となります。

〈チェックシート4〉の❺の回答は、第5章で使用しますので書き留めておいてください。

あなたの中学生以降の経験のフィルターの内容は？

さて、次は「中学生以降の経験のフィルター」を見ていきましょう。第2章で、中学生以降の経験のフィルターは、「自我同一性」の確立の課題と取り組みながら、それと並行して作られていくとお話ししました。

自我同一性地位については、エニアグラムタイプの意識化の有無や乳幼児期・児童期の経験のフィルターの内容、影響の強さと関わってくるので第5章で見ていきます。

ここではまず、中学生以降の「親子関係・友人関係・学業・恋愛・仕事・結婚・子育てなどの経験」について探ってみましょう。

〈チェックシート5〉

❶中学生以降のあなたの人生で、自分の生き方や考え方、性格などに大きな影響を及ぼしていると思われる出来事のうち、ポジティブなものを書き出してみてください。

例 いい友人に恵まれた。高校（大学）受験で第1志望の学校に合格した。大学のサークルで活躍した。会社で能力が認められ、仕事にやりがいを感じられている。好きな人と結婚できた。子供に恵まれ、家族が仲良く幸せ。趣味や専門知識の追求に生きがいを感じている。

❷中学生以降のあなたの人生で、自分の生き方や考え方、性格などに大きな影響を及ぼしてい

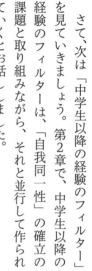

ると思われる出来事のうち、ネガティブなものを書き出してみてください。

例 いじめられて不登校になった。高校・大学受験に失敗した。失恋した。心を許せる友人がいなかった。仕事がうまくいかず、転職を繰り返した。離婚した。子供が心を開いてくれない。

〈チェックシート5〉の❶・❷で書き出した経験が、あなたの「中学生以降の経験のフィルター」を構成する内容となっています。

これは、他のチェックシートの回答と同様に、第5章であなたの6つのフィルターの全体像を見ていくときに使用します。

他我化の有無

いまお話ししたように、「中学生以降の経験のフィルター」には中学生以降に蓄積された経験が記憶されているのですが、そのことによって「他我化」が生じることがあります。他我化とは、第2章でお話ししたように、思春期以降に、自分以外のより偉大で崇高なものに同一化して生きることです。これは「目覚めへの道」の最大のトラップとなるものなので、他我化の傾向があるかどうかを知ることは非常に大切になってきます。

そこで、次に「あなたに他我化の傾向があるかどうか」を見ていきましょう。次のチェックシートの質問にお答えください。

〈チェックシート6〉

❶以下の①～⑥の項目の中に、あなたが「これこそが自分だ」と思うことによって精神的に安定していられると感じる自分像、「それを自分と思わないと不安や自信のなさに直面しそうで怖い」と感じる自分像、もしくは、周囲からそのイメージで見られるように行動しているような自分像はありますか？　複数でも構いません。

①日本人である自分
②男性もしくは女性である自分

③家族での立場（父親・母親・兄姉・弟妹・息子・娘・夫・妻など）
④学校・仕事・職場での立場
⑤有名人などの特定の人物やアニメキャラなどを好きな自分
⑥哲学・政治などを含む思想、数学や物理学などの科学的知識、歴史、心理学、芸術、サブカルチャー、スピリチュアル系の知識などを探求する自分

他我化の状態については、エニアグラムタイプとの関連で4つのケースに分かれます。

(1) エニアグラムタイプが分かっていて、〈**チェックシート6**〉で当てはまった項目がない場合。もしくは、エニアグラムタイプが分かっていて、当てはまった項目のイメージを守るためよりも、エニアグラムタイプの欲求・不安から行動することのほうが多いと感じる場合。

(2) エニアグラムタイプが分かっていて、エニアグラムタイプの欲求・不安から行動するよりも、〈**チェックシート6**〉で当てはまった項目のイメージを守るために行動することのほうが多いと感じる場合。

(3) エニアグラムタイプが分からず、〈**チェックシート6**〉で当てはまった項目がない場合。

(4) エニアグラムタイプが分からず、〈**チェックシート6**〉で当てはまった項目がある場合。

(1)と(3)は「他我化」はしていない状態、(2)と(4)の場合は「他我化」が生じている可能性が高いです。

〈**チェックシート6**〉の項目の中でも、「⑥のように科学や思想、哲学などの専門知識を探

求する自分に同一化することは他我化に入るの？」と疑問に思う方がいらっしゃるかもしれません。もちろん、「専門知識を探求すること」はまったく悪いことではありません。むしろとてもいいことですよね。他の項目だって、それだけを見たらまったく悪いことではありません。

ただ、それが無意識のうちに自分の不安や自信のなさなどの弱点を補うために使われ、そこに同一化することによって、エニアグラムタイプ、乳幼児期・児童期の経験、遺伝の影響などと向き合わなくなることが問題なのです。自分の内面、つまり「遺伝的影響のフィルター」、「占星術的影響のフィルター」、「エニアグラムタイプのフィルター」、「乳幼児期・児童期のフィルター」のそれぞれを細かく見ていかなければ、いつまでたっても奥底に隠されたネガティブな作用を持つ信念やイメージなどを変えることはできません。そうなると、人間関係全般でネガティブな影響が生じてきてしまいますし、フィルターをクリアすることはできなくなります。

このように、他のより深い部分にあるフィルターを覆い隠す殻のような作用をするのが、この他我化だと言えます。

ですから、他我化の影響の有無を意識化しておくことは、人生をより幸せに生きるためにも、「目覚め」るためにもとても重要なことになるんですね。

遺伝的影響を見るときは、両親のどちらに顔が似ているかが鍵

では、次に「遺伝的影響のフィルター」の分析に移りましょう。

「でも、遺伝の影響なんて遺伝子検査とかしないと分からないんじゃない？」と思う方もいらっしゃいますよね。イデアサイコロジーでは、遺伝的影響は、両親や祖父母、兄弟姉妹、子供、親戚を見ることである程度分析することができると考えています。次のチェックシートの質問の答えを書き出してみてください。

〈チェックシート7〉

❶あなたの顔のそれぞれのパーツ（目・鼻・口・顔の形など）は父親・母親のどちらに似ていますか？

❷あなたの身体の特徴（身体つき・身長・体重・手の形など）、ふとした仕草や寝相などは父親・母親のどちらに似ていますか？

では、あなたの回答を分析していきましょう。

(1) ❶・❷の回答で、父親と答えたものと母親と答えたもの、どちらが多かったですか？

(2) (1)で出た「似ている顔・身体の部分が多い親」の性格とあなたの性格で似ている部分が

あれば、書き出してみてください。それが、あなたの遺伝的影響のフィルターの内容となります。

例 おとなしい・社交的・衝動的・慎重・論理的思考が得意・頑固・運動神経が良い・音楽的才能がある

イデアサイコロジーでは、顔や身体の特徴が似ている親に性格も似ており、似る割合は多くの場合どちらかの親に偏ると考えています。ただその割合は、9対1や8対2、7対3、6対4など人それぞれとなります。

たとえば3人兄弟や姉妹の場合、1人は9対1でほぼ父親似、1人は9対1でほぼ母親似、1人は両方似ているがどちらかというと6対4か7対3くらいで父親（母親）似というようなケースが多く見られます。

「顔・身体つきが似ている親」の性格と自分の性格の似ている部分が見当たらない場合は、エニアグラムタイプや乳幼児期・児童期の経験、他我化などの影響から遺伝的特性が見えにくくなっているケースが多いです。このような場合は、まず9つのエニアグラムタイプの特徴を頭に入れてから、その影響を除外して、顔や身体の特徴を見るのがコツになります。

また、「目は父親だけど、顔の輪郭は母親」など、どちら似とも言い難いという場合もありますよね。そういうときは、性格はいったん脇に置いておいて、まず顔の作り、とくに目の形を見ることをお勧めしています。なぜかというと、目の形が似ている親に性格や能力も似るケースが私の経験的には多いからです。

さらに、あなたの兄弟姉妹、子供、祖父母、両親の兄弟姉妹の中で、あなたに顔・身体つきが似ている人を探し、その人たちとあなたの性格の共通点を見ていくと、遺伝的影響を知るために役立ちます。とくに性別が同じ人を見ると分かりやすいかもしれません。

占星術的影響のフィルターを探る方法

さて、ここまでは、現実的、心理学的なレベルのフィルターの分析でしたが、ここからはより深いレベルのフィルターの分析に入ります。

まずは、「占星術的影響のフィルター」ですね。占星術は大きく西洋占星術と東洋占星術に分かれますが、自分や周囲の人たちの「占星術的影響のフィルター」を見るためには、基本的に、西洋占星術のホロスコープと東洋占星術の代表的な占術である四柱推命の命式の両方を見て、自分の人生の傾向をつかむことがおすすめです。

そう聞くと、「西洋占星術と四柱推命、どちらか1つじゃダメなの?」と思う方もいらっしゃいますよね。私は、西洋占星術も四柱推命も、その人の意識の傾向を違う角度から照らしたときにできる影のようなものだと考えているので、1つの方向よりも多角的な見方をしたほうがさらに正確な情報が得られると思っています。

ですから、さらに正確に占星術的フィルターの情報を捉えたい場合は、数秘術、九星気学、宿曜占星術などを見てみるのもよいでしょう。

以上は基本的な分析方法ですが、私がイデアサイコロジーの個人セッションで相談者の方の「占星術的影響のフィルター」を見るために、現在もっとも重要視しているのは、西洋占星術の中でも「サビアン占星術」というものなんですね。

西洋占星術と東洋占星術の両方を見る

まずは西洋占星術
と四柱推命で、
自分の結果を見て
みるといいんだね

時柱	日柱	月柱	年柱
乙	丁	丙	丁
巳	亥	午	丑
偏印		劫財	比肩
正財	印綬	劫財	偏官
帝旺	胎	建禄	墓

さまざまな占星術の結果は占星術的影響のフィルターを違う角度から照らした影

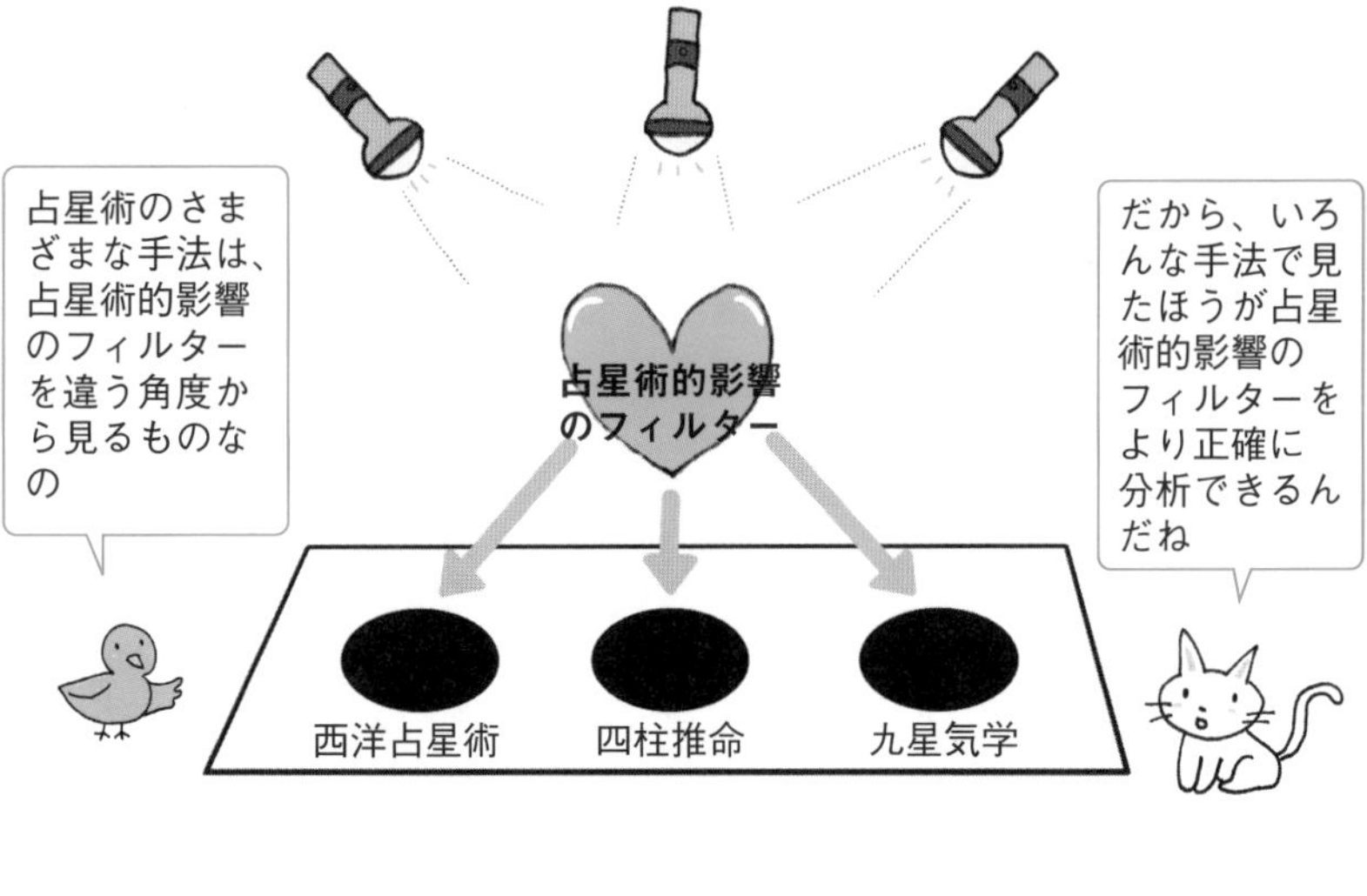
占星術のさま
ざまな手法は、
占星術的影響
のフィルター
を違う角度か
ら見るものな
の
占星術的影響
のフィルター
西洋占星術
四柱推命
九星気学
だから、いろ
んな手法で見
たほうが占星
術的影響の
フィルターを
より正確に
分析できるん
だね

一般的な西洋占星術では、360度の天空に見立てた円状のホロスコープを30度ごとに区切り、12個の星座の名前をつけてそこから意味を取り出して判断していきますが、「サビアン占星術」では、360度の一度一度に意味が割り振られており、その中でどの度数に自分の出生時の惑星と感受点が存在するかを見ていくものです。

なぜ私がこの「サビアン占星術」をもっとも重要視しているかというと、いままでの経験上、「サビアン占星術」にその人の人生の傾向と興味の方向、陥りやすいパターン、人生の課題と目的などがもっとも明確に表れると考えているからです。

日本で「サビアン占星術」の代表的な研究者といえば、松村潔さんと直居あきらさんのお二方なのですが、イデアサイコロジーでは、私の実際の鑑定経験から、より信頼性が高いと感じられた直居あきらさんの手法を取らせていただいています。

ネットなどには松村さんの考え方をもとにした情報が多いのですが、直居さんの度数解釈は実際の鑑定事例や観察をもとにして独自に導き出されたものであり、松村さんや他の研究者の方々とはかなり違ったものになっています。ご興味のある方は、ぜひ直居さんのご著書（※2）をご覧ください。

※1 松村潔『決定版!! サビアン占星術（エルブックスシリーズ）』（2004年、学研プラス）
※2 直居あきら『直居サビアン占星学―前世と今生（占星学教室シリーズ31）』（2005年、MIIBOAT Books）

一般的な西洋占星術とサビアン占星術

円は360度だから、12星座で割ると1星座は30度ってことになるね。一般的な西洋占星術では30度で1つの星座として見て、星座ごとに意味がつけられているけど、サビアン占星術では30度の中の1度1度にも意味がつけられているんだ

代表的サビアン占星術研究者：松村潔さんと直居あきらさん

同じサビアン占星術でも研究者によって、1度1度の意味の解釈も変わってくるんだね

たとえば、獅子座27度について松村さんと直居さんはこう書いているわ

松村さん

「夜明け」――この度数の人は、自分の根本的な目的にしたがって世界を改革しようとします。しかしこれは人に働きかけることを通じて、自身の生き方を根底から変革しようとする行為であり、目的性の高い人生を歩んでゆきます。（※1）

「華やかさ・美的センス・成功と希望」：高揚感を味わう高度なエネルギーです。成功して有名になったり、センスの良い生活や美の探求ができるでしょう。感性を鋭くしましょう。（※2）

直居さん

具体的な分析方法についてはいま述べた通りなのですが、この占星術的影響のフィルターの分析の際には、いくつか意識しておいていただきたいことがあります。

1つ目は、分析結果が自分の心の奥底から生じる感覚や衝動としてほんとうに感じられるかをきちんと検証することです。占星術的影響を分析するときには、占星術の理論を学習し、自分の結果を出すという「頭や思考だけで行われる段階」と、それが現在の自分の感情や感覚、衝動、考え方、価値観、行動パターンにどのように表れているのか、もしくは表れていないのかという「心の内面を検証する段階」があります。

このとき、結果だけ出して自分の感情や衝動としてそれがほんとうにあるか確認せずに、「私は太陽が天秤《てんびん》座だからみんなに公平で社交的な人」「金星が蟹《かに》座だから家庭的で愛情深い人」などと決めつけてしまうと、他の思想や科学的知識、仕事や家族での立場などと同じように「他我化」が生じることになり、「目覚め」から遠ざかってしまいます。

2つ目は、占星術的影響の分析は、より外側の遺伝的影響、エニアグラムタイプ、乳幼児期・児童期の経験、中学生以降の経験のフィルターを分析して明らかにしてから行うこと、そして、他のフィルターの影響と占星術的影響を区別して見ることです。

なぜかというと、他のフィルターの影響を区別して見ないと、たとえば、「蠍《さそり》座だから執着心が強くて占星術に興味があって物事の本質を見る」と思っていても、実はそれは「エニアグラムタイプ1や親子関係から来ているものだった」といったことが多々起きてくるからです。そうなると「蠍座だから執着心が強くても仕方ない」となってしまって欠点を修正しようとしないケースも出てきますし、修正の方法も分からなくなってしまうんですね。

占星術の分析内容が自分の中に感じられるか精査すること

本当にホロスコープや命式上の性質が自分の感情や衝動としてあるか、見極めることが大事なんだね

結果だけをうのみにすると他我化が生じてしまうの

他のフィルターの影響と区別すること

占星術的影響のフィルター分析は、まずは他のフィルターを分析してからのほうがいいんだね

そうね。他のフィルターの影響と区別しないと、クリアの方法も間違えて空回りして、目覚めから遠ざかってしまうこともあるの

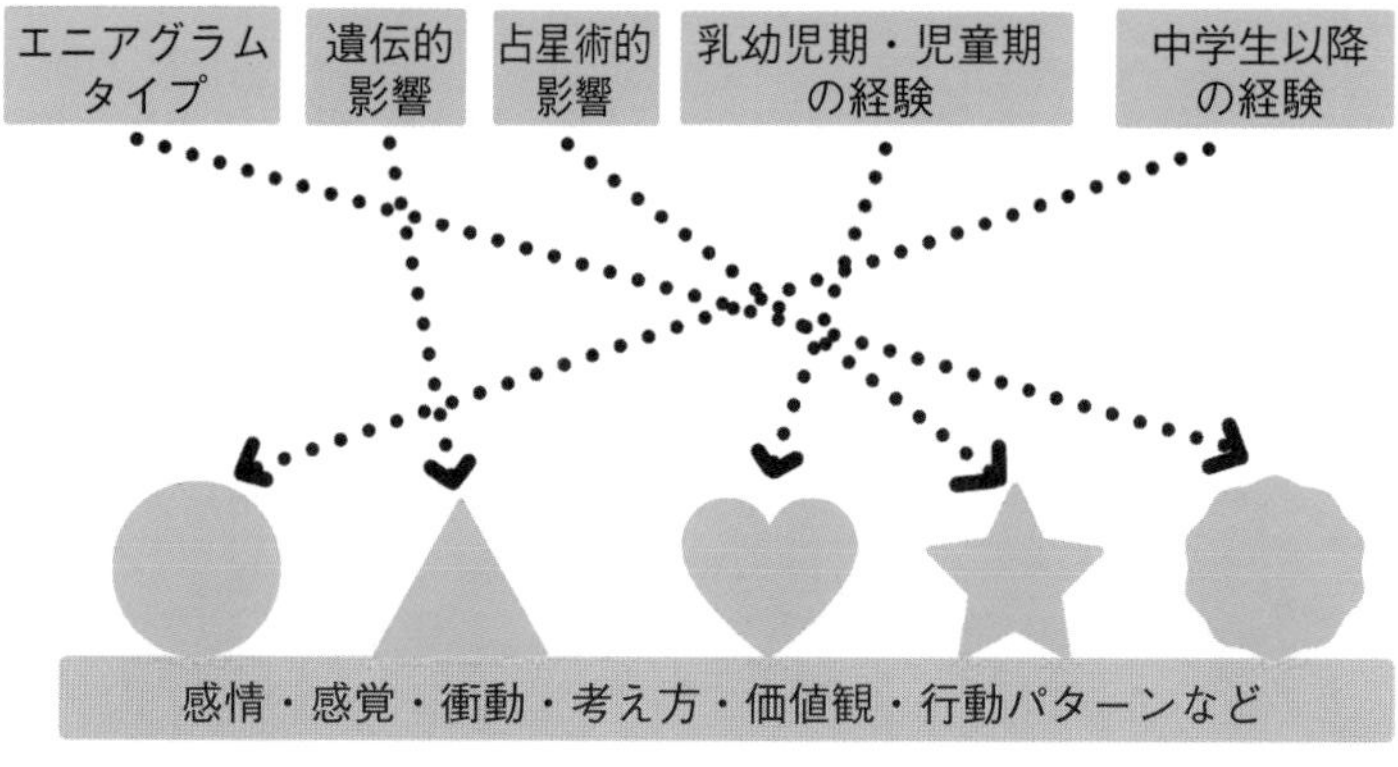

3次元的空間認識のフィルターをクリアするには？

では、最後に「3次元的空間認識のフィルター」について見ていきましょう。さて、この「3次元的空間認識のフィルター」はこれまでの5つのフィルターとは違って人類共通のものになるので、これをクリアする方法は分析というよりも学習ベースのものになります。

人間の空間認識については、第2章でお話しした発達心理学や脳科学、哲学などでも扱われてはいますが、これらは近代以降の科学的手法をもとに研究が進められているものです。つまり、これらの学問には、目に見える客観的なデータとして分析可能なものしか扱わないという考え方が絶対的基盤としてあります。

この客観的・論理的な方法論こそがまさに3次元的空間認識そのものと言えるので、現在ある科学的な知識では、3次元的空間認識自体を外から分析して理解し、コントロール可能なものにすることはできないんですね。

たとえば、私たちは自分の目を通して日々、自分の部屋、家具、家族の顔、外の景色、電車、街の雑踏、職場の人たちの顔などいろんなものを見て、考えたり感じたり判断したりして生きています。でも、自分の目は見ることができません。鏡を通せば見ることはできますが、実際の目は絶対に見ることができませんよね。つまり、同じものを使って同じものを見ることはできないということです。ですから、科学的手法を使って科学的手法そのものである「3次元的空間認識のフィルター」を見ることはできないということになります。

そして、この「3次元的空間認識のフィルター」のしくみを見ることを可能にするのが、人間の意識そのものを「素粒子=意識」という視点で明らかにするヌーソロジーです。

3次元的空間認識を扱う科学

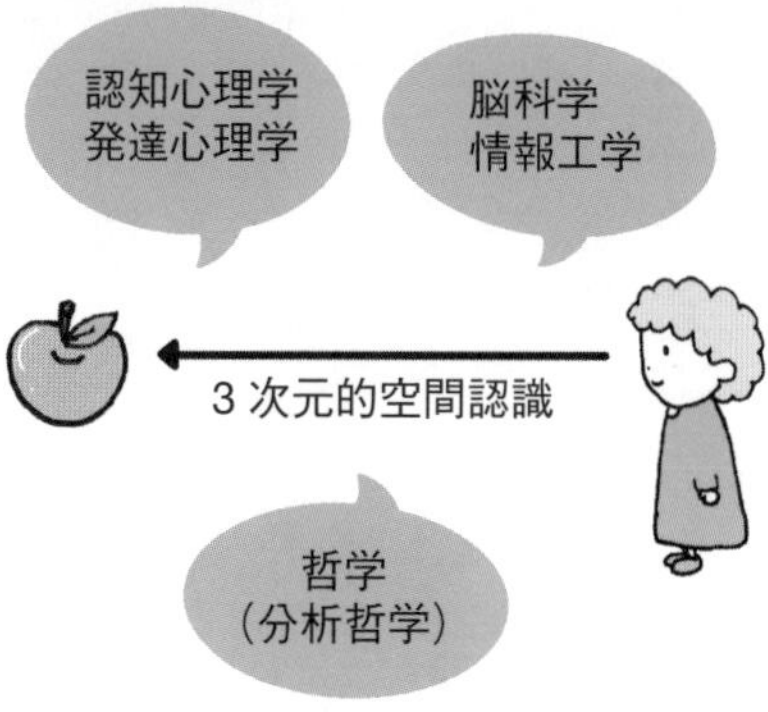

発達心理学や脳科学などは3次元的空間認識を研究しているけれど、客観的に分析可能なデータしか扱わないという科学主義的な姿勢のもとに研究が行われているものだよ

科学的方法論では、3次元的空間認識の正体は分からない

科学的観察や分析、科学的思考が3次元的空間認識そのものだから、科学的手法では3次元的空間認識の正体は分からないんだね

ヌーソロジーでは、人間の意識は素粒子構造であり、クォークやレプトン（物質粒子）、さらにはボゾン（力の媒介粒子）といった素粒子はそのまま人間の意識のさまざまな階層やその流動性に対応していると考えます。この人間の意識の階層構造を表しているのが「ヘキサチューブル」です。「ヘキサチューブル」は自己と他者の間に存在しているものであり、その自他間の構造を表したのが「ヌースコンストラクション」ということになります。

一般的には、自然界はこの素粒子構造に始まり、それが原子や分子を作り、鉱物、植物、動物、人間の身体というように、複雑性を増すようにしてできていったと考えるわけですが、ヌーソロジーでは逆に、自然界は高次の意識構造（ヘキサチューブル・ヌースコントラクション）がさらにいくつも複雑に絡み合いながら構成されたものと考えます。その反映として、鉱物・植物・動物・人間の身体というものが作られていると考えるんですね。そして、それによって、物理学のみならず、現在の化学や生物学などの内容もなぜそうなっているのかという説明がつくという概念になっています。

つまり、ヌーソロジーは、この世界は人間の意識構造がベースとなってホロニックにいくつも重なり合いながら作られていると考え、このシステムを観察子という概念を使いながら細かく分析しつつ、意識と物質の関係性を統合的に明らかにしようとするものなのです。

ですから、これを学習することで「3次元的空間認識のフィルター」の詳細な構造を理解して、それをコントロール可能にしていくことができます。そして、これによって「人間という存在の仕方」を超えた「目覚め」を経験することができるということになっていきます。

意識構造＝素粒子構造も層になっている

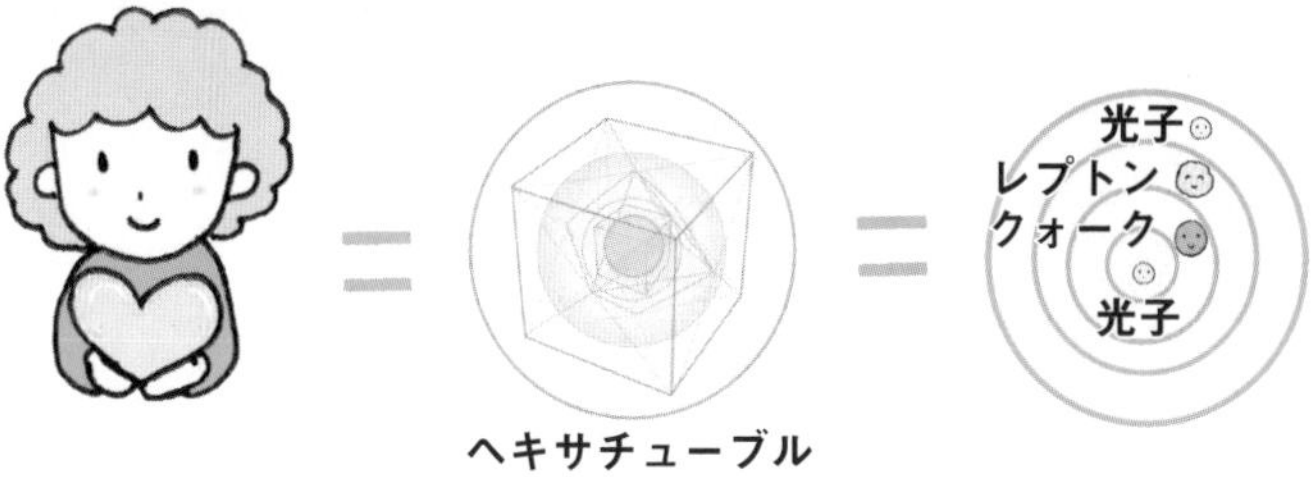
光子
レプトン
クォーク
光子
ヘキサチューブル

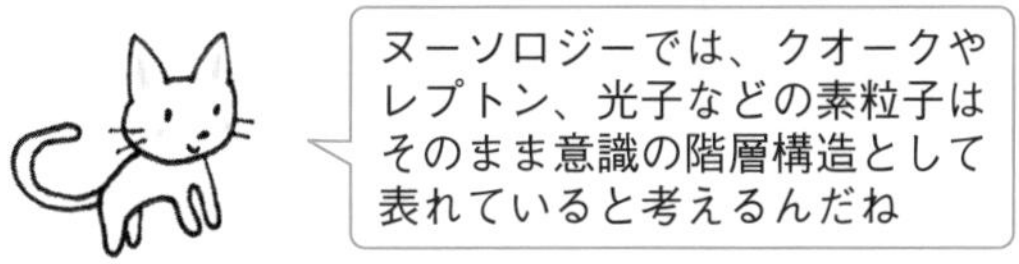
ヌーソロジーでは、クオークやレプトン、光子などの素粒子はそのまま意識の階層構造として表れていると考えるんだね

世界は意識構造の相似形がいくつも重なり合ってできている

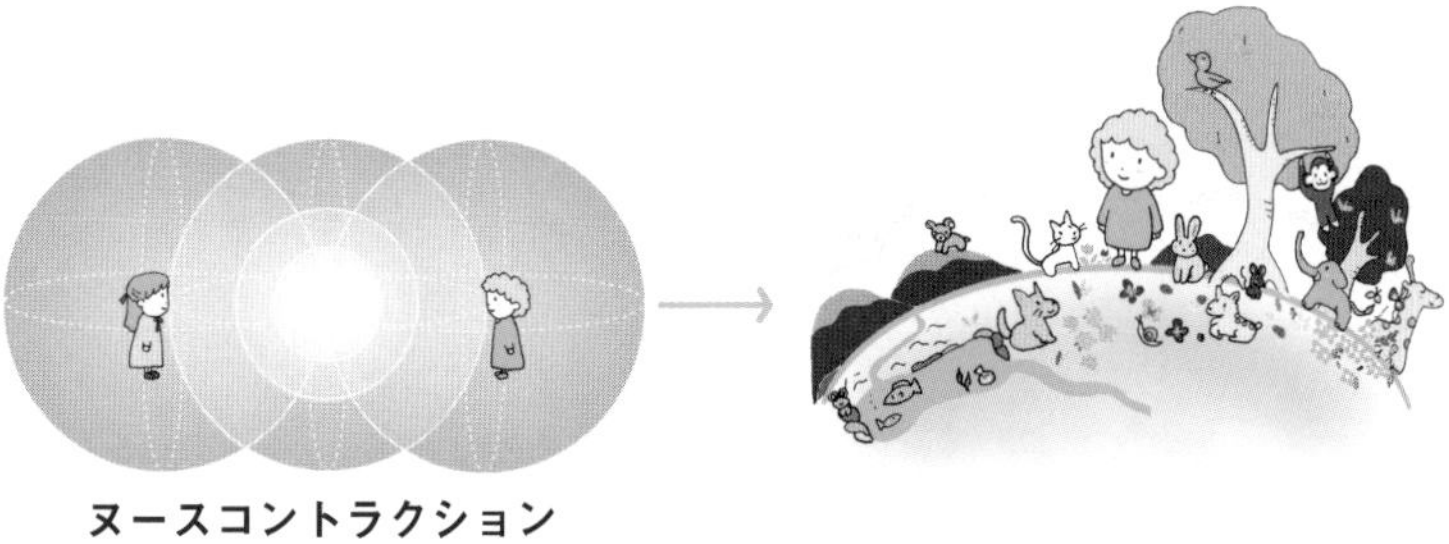
ヌースコントラクション

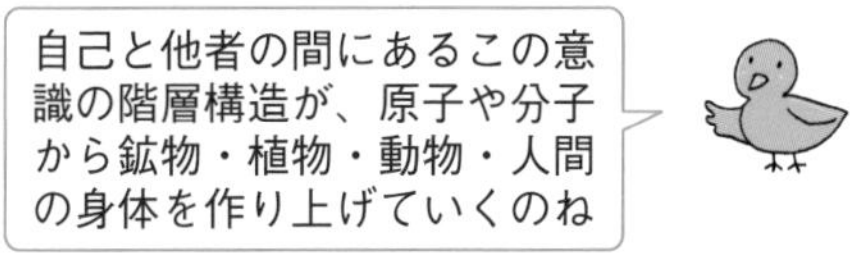
自己と他者の間にあるこの意識の階層構造が、原子や分子から鉱物・植物・動物・人間の身体を作り上げていくのね

ただ、ここでもひとつ注意しなければならないことがあります。占星術と同様に、他の5つのフィルターを見ずにヌーソロジーだけを学習すると「他我化」が生じてしまいます。つまり、「ヌーソロジーをやっている自分」に同一化してしまう状態です。

なかには、他の5つのフィルターを見ずに「楽に幸せになる方法」としてヌーソロジーや他のスピリチュアルの思想を追求する方も見受けられます。ご本人がそうは感じていなかったとしても、無意識にそのような動機で動いてしまっているケースもあるんですね。

そうなると、他の5つのフィルターと向き合うことをしなくなり、その他のフィルターをクリアすることができないばかりか、さらにフィルターを濃くしてしまうこともあります。

たとえば、同様に「目覚め」るための手法である中国の道教では、弟子になる条件として、パートナーや仕事、家、土地などを所有していることを挙げるケースもあります。ユダヤ教の神秘主義思想であるカバラでも、既婚の40歳以上の人しか修行できないという決まりがあったと言われています。

つまり、まず現実的、心理学的レベルで自我をきちんと確立し、うまくコントロールできていないと「目覚め」に至ることは難しいという共通認識があったのです。

実際、ヌーソロジーを勉強することで「目覚め」に近づいているつもりが、実は遠ざかっていたというケースもありますので、まずは他の5つのフィルターをクリアすることを目指し、それと並行しながら少しずつヌーソロジーに触れていくという姿勢が大切だと思っています。

他のフィルターを見ずにヌーソロジーだけをやると……

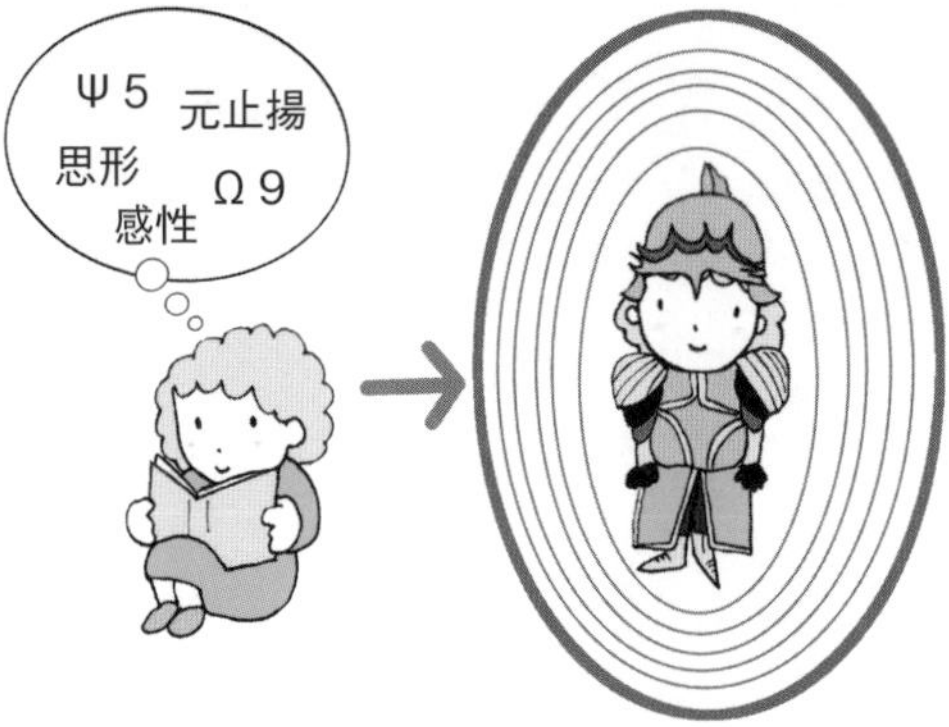

他我化

ヌーソロジーだけを勉強して他のフィルターを見ないと、逆に「中学生以降の経験のフィルター」が厚くなって目覚めから遠ざかる場合もあるんだ

「目覚め」は自我をきちんと確立することが前提

道教の道士　　ユダヤ教のラビ

目覚めの手法を伝授する宗教には、きちんと自我を確立していないと修行をしても意味がないっていう共通認識があったのね

第 5 章

あなたのフィルターの全体像と「目覚め」に近づく方法

あなたのフィルターの全体像を明らかにしよう

さて、第3章と第4章ではあなたの6つのフィルターの内容を詳しく見てきましたが、いかがでしたでしょうか。

第5章ではまず、これまで自分と向き合いながら掘り起こしてきたあなたのフィルターの情報、つまり、エニアグラムタイプや乳幼児期・児童期の経験、中学生以降の経験、他我化の有無、遺伝的な性質、占星術的影響などを総合的に見て、いまのあなたのフィルターがどのような状態になっているのかを探っていきます。

では、はじめに、第4章で出た結果をまとめて整理して、あなたのフィルターの全体像を見ていきましょう。次ページの表の書き方に沿って、Aさんの例を参考にしながら同じような表を作り、ノートやメモ帳、パソコン、スマートフォンなどに書き出してみてください。分からないところは空欄のままで結構です。

フィルターの全体像の表の書き方

中学生から現在までの経験 他我化の有無	・〈チェックシート5〉の❶・❷に書いた内容から、もっとも現在の自分の人生・性格に影響があると感じるものを書き出してください。 ・〈チェックシート6〉を分析した結果を書いてください。
乳幼児期・児童期の自己・他者イメージ	・他者イメージ：〈チェックシート3〉の「あなたから見た両親」の回答、〈チェックシート4〉の❶・❷の回答の中で共通しているものや、もっとも現在の自分の人生・性格に影響があると感じるものを書き出してください。 ・自己イメージ：〈チェックシート3〉の「両親から見たあなた」の回答、〈チェックシート4〉の❸・❹の回答の中で共通しているものや、もっとも現在の自分の人生・性格に影響があると感じるものを書き出してください。
エニアグラムタイプ	・〈チェックシート1、2〉を分析した結果（p.145）を書いてください。
遺伝的影響	・〈チェックシート7〉を分析した(2)の結果を書いてください。
占星術的影響	・西洋占星術（サビアン占星術）・四柱推命・九星気学・数秘術・宿曜占星術などの結果で共通して出てくるものや、あなたがこれは感覚として自分の中に確かにあると感じられるものを書き出してください。また、占星術的影響のフィルターには、他のフィルターの内容にはない、より大きな視点での人生の課題や目的、適性などが表れます。これらを見いだせればより正確に全体像をつかむことができますので、人生の課題や目的、適性にも注目して書いてみてください。

Aさん（30代女性）の例〈A. エニアグラム型〉

中学生から現在までの経験 他我化の有無	・大学までは問題なく過ごすが、卒業後なかなか合う仕事が見つからず苦労する。現在は創作系の仕事で成功し、職場のリーダーとして活躍している。 ・他我化：なし
乳幼児期・児童期の自己・他者イメージ	・他者イメージ：友人関係は問題なかったが、両親に対しては理解してくれないものと感じていた。 ・自己イメージ：気が強く、意志がはっきりしていた。いじめられている友人を助ける。明るい人気者
エニアグラムタイプ	・タイプ7-8：欲求・不安コントロール度高め
遺伝的影響	・父親似 ・おとなしい・内向的・論理的思考力あり・映画などの抽象的で深い意味のあるものを好む・運動神経は良いほう
占星術的影響	・内面を深く掘り下げることを好む・心理学や未知のものの探求に向いている・社会的活躍・指導者の適性 ・恵まれた環境が与えられるため、甘えや自己中心的な気質が出やすい ・人間関係での争いや別れが起きやすい

「目覚め」への到達度はフィルターの同一化型で分かる

さて、あなたのフィルターの全体像は見えてきましたか。それでは、それを踏まえつつ、いよいよ「あなたがいま目覚めへの道のどの辺りにいるのか」を見ていきましょう。

本書では、人間は身体を持って生まれることで6つのフィルターを身につけてしまうとお話ししてきました。でも、実は6つすべてのフィルターが均等に影響しているというケースはほとんどなく、大抵は影響の強い1個～数個のフィルターがある状態になります。これは言い換えると、どのフィルターをもっとも自分であると感じているかは人によって違うということです。

そして、どのフィルターの影響が強いか、どのフィルターに同一化しているかで、あなたがいま「目覚め」への道のどの辺りにいるかが見えてくるんですね。

一般的には、まず、出生後の経験によってできる3つのフィルター（エニアグラムタイプ、乳幼児期・児童期の経験、中学生以降の経験）の中で、どのフィルターの影響が強いのかを見ていきます。

なぜこの時点では遺伝的影響と占星術的影響を見ないかというと、「目覚め」への到達度というのは、第2章でお話しした「自我同一性地位」と深い関連があるからです。

つまり、乳幼児期・児童期の経験の影響を意識化し、自分とは別物と認識してコントロール可能なものにできているのか、エニアグラムタイプを意識化して能力としてうまく利用できているのかということと関係してきます。

また、エニアグラムタイプを意識化し、それがコントロール可能になると、遺伝的影響や占星術的影響も意識化とコントロールが可能になっていくという現象が起きます。

ですから、まずは出生後にできる3つのフィルターを見ることが重要なんですね。

第3～4章を読み進めてきて、すでにご自分でどのフィルターの影響が強いかがお分かりの方もいらっしゃると思いますが、ここでより分かりやすくなるようチャートでチェックしてみましょう。

第4章のチェックシートの結果を見ながら、次ページのフィルターの同一化型判定チャートの質問に答えてみてください。

では、次ページのチャートを見ながら、まず〈**チェックシート1、2**〉の分析結果を振り返りましょう（145ページ）。あなたは自分のエニアグラムタイプが分かりましたか？　分かった方は「YES」、分からなかった方は「NO」に進んでください。

次に、乳幼児期・児童期の経験に関する〈**チェックシート4**〉の❺の回答（148ページ）を見ます。①を選んだ方は①に、②を選んだ方は②に進んでください。

最後に、他我化の有無を調べた〈**チェックシート6**〉の分析結果（152ページ）を見ます。エニアグラムタイプが分かっている方で⑴を選んだ方は⑴の矢印へ、⑵を選んだ方は⑵の矢印へ進んでください。エニアグラムタイプが分かっていない方で⑶を選んだ方は⑶の矢印へ、⑷を選んだ方は⑷の矢印へお進みください。すると、あなたの「フィルターの同一化型」が出ます。

フィルターの同一化型判定チャート

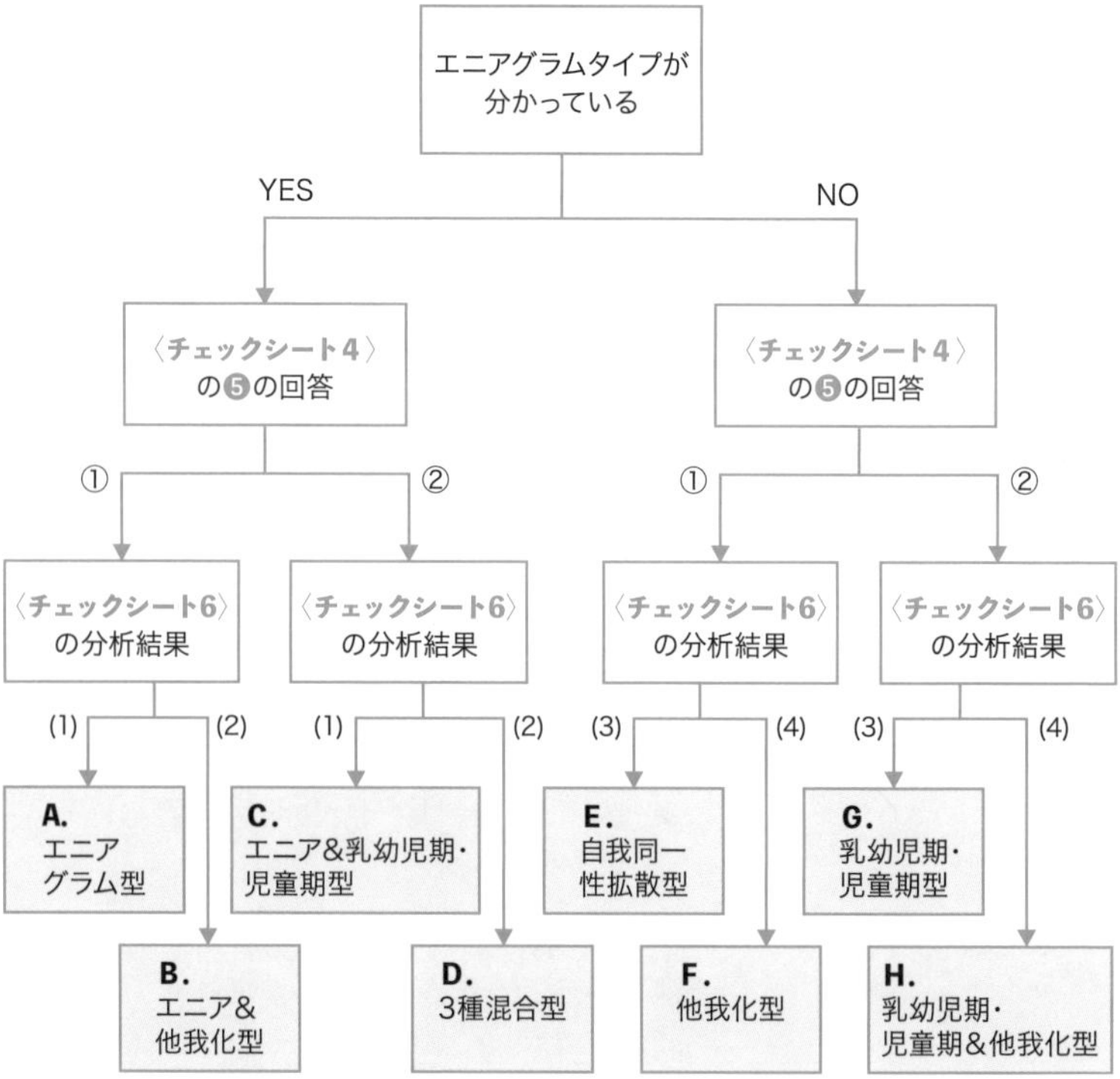

8つの同一化型の特徴と「目覚め」に近づく方法

さて、あなたのフィルターの同一化型は分かりましたか？

第1章でヌーソロジー的世界観、第2章で人間の意識の構造を学び、第3～4章であなたの個人的なフィルターの内容を探ってきたわけですが、「結構骨の折れる作業だったなあ」と感じている方もいらっしゃるかもしれません。

でも、その結果として自分の6つのフィルターの内容と同一化型が分かったあなたは、「目覚めへの道」を少なくとも半分は制覇した状態になっています。これが分かれば、ゴールの方向性とゴールに向かうための具体的方法が明らかになるからです。

それでは、A～Hまでの8つの同一化型の意識状態と「目覚め」に近づく方法について説明していきましょう。

A．エニアグラム型

エニアグラムタイプにもっともアイデンティティを感じているタイプです。乳幼児期・児童期の自己・他者イメージも客観視できているケースが多く、ネガティブなイメージは行動化しないように抑え、ポジティブなものはうまく利用することができます。自我同一性地位で言えば、「自我同一性達成」の状態の人が多いでしょう。そして、8つの型の中ではもっとも「目覚め」に近い状態と言えます。

この状態からさらに、エニアグラムタイプの欲求・不安コントロール度を上げること、遺伝的影響と占星術的影響を意識化しコントロール度を上げること、仕事の成功や人間関係で深い絆を築くことを目指すとともに、ヌーソロジーを学習することによって、より「目覚め」に近づくことができます。

B．エニア&他我化型

エニアグラムタイプは意識化されていますが、他我化により強くアイデンティティを感じている状態です。他我化で安定している場合が多く、自分の深い部分と向き合うことを好まない傾向があります。一部、とくに女性に多いのですが、乳幼児期・児童期の自己・他者イメージを分析していく過程で心理学や自己啓発系、スピリチュアル系に他我化していくケースもあり、その場合は自分と向き合うことを好みます。

この型は、乳幼児期・児童期の自己・他者イメージの影響はあまり意識されていませんが、実は心の奥にはその影響が隠れている傾向があります。ですので、自我同一性地位で言えば、「早期完了」の状態であることが多いです。いずれにしても、この場合は意識がより他我化の内容に向かってしまうので、エニアグラムタイプの欲求・不安コントロール度は中程度に留まることが多いです。

このエニア&他我化型は、まずもっとも外側のフィルターにある他我化をやめることが必要になります。「他我化をやめるのは難しそう」と感じる方もいらっしゃると思いますが、実はそれほど難しいことではありません。他我化をやめるために必要なのは、自分が他我化していると意識し、それは「自分の本質ではない」と納得しつつ、そこにアイデンティティを持つことをやめようと決めるという作業になります。「それが自分と思わないと不安」という状態ではなく、「生活に彩りをもたらす趣味レベルのもの」や「自分の一部分にすぎない」という認識を持てればよいですね。そして、その後エニアグラムタイプの欲求・不安コントロール度を高めて、よりエニアグラムタイプにアイデンティティを持つことができれば、他我化はやめることができます。

さらに「目覚め」に近づくためには、乳幼児期・児童期の自己・他者イメージを意識化・修正し、エニアグラムタイプの欲求・不安コントロール度を向上させながら、A型（エニアグラム型）を目指し、ヌーソロジーを学習することが望まれます。

C．エニア&乳幼児期・児童期型

エニアグラムタイプと乳幼児期・児童期の自己・他者イメージにアイデンティティを感じているタイプです。エニアグラムタイプは意識化できていますが、乳幼児期・児童期の自己・他者イメージの影響が強く、そのために無理をしすぎたり、何か問題が起こるとネガティブなイメージに動かされがちです。「ネガティブな自己・他者イメージを持った早期完了タイプ」である場合が多いです。

このエニア&乳幼児期・児童期型の人は自分の内面と向き合う傾向があり、ネガティブなイメージから何らかの心の病気が生じることもあります。そうでない場合も、エニアグラムタイプの欲求・不安コントロール度は中程度からやや低めとなることが多いでしょう。

このような場合は、まずは乳幼児期・児童期のおもに親子関係・家庭環境から生じた自己・他者イメージの意識化と修正が必要になります。独学で心理学を学ぶなどして克服できる方もいらっしゃいますが、ひとりでは難しいこともあります。そういう場合は信頼できる人に相談したり、臨床心理士などの専門家の力を借りることも考えてみるといいですね。そして、その後、エニアグラムタイプの欲求・不安コントロール度を上げ、A型（エニアグラム型）を目指すことができるといいと思います。

D．3種混合型

エニアグラムタイプ、乳幼児期・児童期の自己・他者イメージ、他我化の3つの影響がすべて出ているタイプですが、より他我化と乳幼児期・児童期の自己・他者イメージにアイデンティティを持っている状態になります。

乳幼児期・児童期の自己・他者イメージと他

我化の影響が同時にあるときは、親の価値観に同一化している場合が多く、それ以外の価値観を受け入れにくくなるケースもあります。意識がエニアグラムタイプよりも他我化の内容や乳幼児期・児童期の自己・他者イメージに向くので、エニアグラムタイプの欲求・不安コントロール度は中程度からやや低めとなります。自我同一性地位は「早期完了タイプ」である可能性が高く、どちらかというと「乳幼児期・児童期に作られたポジティブな自己・他者イメージ」を持つことが多いでしょう。

この場合は、B型（エニア&他我化型）と同様に、まず他我化をやめること（他我化を意識し、それは本質ではないと納得して、そこにアイデンティティを持つことをやめること）、C型（エニア&乳幼児期・児童期型）でお話ししたような乳幼児期・児童期の自己・他者イメージの意識化と修正が必要になります。そして、その後エニアグラムタイプの欲求・不安コントロール度を高めて、A型（エニアグラム型）を目指すという流れになります。

E．自我同一性拡散型

エニアグラムタイプ、乳幼児期・児童期の自己・他者イメージ、他我化の3つの影響がどれも出ていないタイプです。とくに、〈チェックシート3、4〉の答えがあまり具体的に書けなかったり、記憶が曖昧だったりする場合は、自我同一性拡散の状態である可能性があります。本人は何も問題を感じていないケースもありますし、漠然とした生きづらさを感じているケースもあります。

このようなケースでは、乳幼児期・児童期の経験のフィルターのネガティブな影響がかなり強いことが考えられます。それが強すぎるために自我が育たず意識が曖昧なまま育ってしまうケースや記憶を消してしまうケースがあるんですね。

このような場合、まずは日常生活を安定させ余裕を作ること、その上であくまで無理せず、少しずつ自分の感情や感覚、記憶と向き合っていくことが大切です。具体的には、まず他我化があると気づいたならばやめること、次に乳幼児期・児童期の自己・他者イメージの意識化と修正、エニアグラムタイプの意識化と欲求・不安コントロール度の向上という順番で扱っていきます。ひとりで難しい場合は、やはり信頼できる人や臨床心理士のような専門家に頼ることもひとつの方法として考えてみるといいですね。

F．他我化型

他我化型には2種類のケースがあります。ひとつは、乳幼児期・児童期の自己・他者イメージと向き合い、それを分析して克服したと思っているけれども、国や社会的地位、専門知識など「自分以外の崇高なもの」に同一化してしまっているケースです。この分析過程で感情・感覚・欲求・不安よりも思考や客観に自分のアイデンティティの重心が移ってしまうと、B型（エニア&他我化型）でお話ししたように、心理学・自己啓発系・スピリチュアル系などの専門知識に他我化してしまう場合があります。このケースはとくに女性に多く見られます。成長意欲が強いのですが、欲求・不安や感情よりも思考に興味がいってしまうため、エニアグラムタイプの意識化がまだできていません。

もうひとつは、乳幼児期・児童期の自己・他者イメージと向き合うことなく、他我化にアイデンティティを感じているケースです。〈チェックシート3、4〉で、とくに重要だと思える記憶がないと感じていたり、あまり詳細に具体的な記述ができなかったケースが当てはまります。このケースはとくに男性に多く見られ、自分の深い内面と向き合うのが苦手な傾向があります。エニアグラムタイプと乳幼児期・児童期の自己・他者イメージという自分の内面に繋がっていないので、他人との人間関係においても深い関係を築くことは難しくなります。自分を知らないので、他人を見る目も乏しくなります。また、何かネガティブなことがあってもネガティブと認知せず、見たいものしか見ないケースもあります。

この他我化型は、乳幼児期・児童期の自己・他者イメージの影響はあまり意識していませんが、きちんと客観的に分析して正しく認識してクリアすることはできていないことが多いため、自我同一性地位でいうと「早期完了タイプ」のケースが多くなります。

ただE型(自我同一性拡散型)よりはネガティブな影響が少なく心理的には安定しています。この状態から「目覚め」を目指すためには、E型と同様に、⑴他我化をやめる（他我化を意識し、それは本質ではないと納得して、そこにアイデンティティを持つことをやめること）、⑵乳幼児期・児童期の自己・他者イメージの意識化と修正、⑶エニアグラムタイプの意識化と欲求・不安コントロール度の向上、この順番で扱っていきます。

ひとりでこの作業ができる場合もありますが、難しい場合は、信頼できる人や臨床心理士のような専門家の力を借りることも考えてみるといいですね。

G．乳幼児期・児童期型

乳幼児期・児童期の自己・他者イメージの影響が強いタイプです。この自己・他者イメージを守るために無理をしすぎたり、何か問題が起こると乳幼児期・児童期の自己・他者イメージのネガティブな面に影響されたりしがちです。自我同一性地位で言えば、「ネガティブなイメージを持った早期完了タイプ」であるケースが多くなります。

このような場合、自分と向き合って懸命に改善策を探りますが、堂々巡りになりやすく、何らかの心の病気が生じることもあります。そうでない場合も、普段は安定していても何らかの生きづらさを抱えているケースもあります。

このようなケースでは、C型（エニア&乳幼児期・児童期型）と同様、まずは乳幼児期・児童期の自己・他者イメージを意識化し、修正していくことが重要になります。そして、それがある程度落ち着いたら、エニアグラムタイプの意識化と欲求・不安コントロール度の向上を目指し、A型（エニアグラム型）に近づけるといいですね。

H．乳幼児期・児童期&他我化型

乳幼児期・児童期の自己・他者イメージと他我化の影響が強いタイプです。D型（3種混合型）でも書きましたが、乳幼児期・児童期の自己・他者イメージと他我化が同時に強い影響力を持つときは、親の価値観に同一化している場合があり、それ以外の価値観を受け入れにくい傾向があります。自我同一性地位で言えば、「ポジティブなイメージを持った早期完了タイプ」であるケースが多くなります。

また、エニアグラムタイプも意識化されていないので、D型よりも自分の深い本質に向き合いにくい傾向があります。ただ一部には、乳幼児期・児童期の自己・他者イメージを分析していく過程で心理学やスピリチュアル系に他我化していくケースもあり、その場合は自分と向き合うことを好みますが、意識が乳幼児期・児童期の自己・他者イメージと他我化の内容に向かうので、エニアグラムタイプの意識化までは至っていません。

このような状態から「目覚め」を目指すためには、他の型と同様に、⑴他我化をやめる（自分が他我化していると意識し、それは本質ではないと納得して、そこにアイデンティティを持つことをやめること）、⑵乳幼児期・児童期の自己・他者イメージの意識化と修正、⑶エニアグラムタイプの意識化と欲求・不安コントロール度の向上、この順番で扱っていきます。

エニアグラムタイプを意識化するには？

さて、いまお話しした8つの同一化型は、あなたの現在のフィルターの状態を表していますが、永遠に変わらないものではなく、自分で自覚し「変えたい」「クリアしたい」という意志を持てば変えていけるものです。

各型の説明でフィルターをクリアして「目覚め」に近づく方法について簡単にお話ししましたが、エニアグラムタイプの意識化や欲求・不安のコントロール度を上げる方法については、まだ触れていませんでした。

ここまで読んできて、「自分のエニアグラムタイプが分からない」「複数当てはまって1つに絞れない」という方も多いのではないでしょうか。こういう場合、エニアグラムタイプを意識化するための方法として、私の個人セッションではよく以下のようなお話をしています。

エニアグラムタイプを意識化するためには、

まずは他我化と乳幼児期・児童期の自己・他者イメージの影響をクリアすることが前提になりますが、基本的には「自分の心の深い部分と向き合いながら、日常生活でさまざまな経験をすること」が重要です。エニアグラムタイプは心の奥底から湧き上がってくる欲求・不安や感情・衝動として意識されるので、部屋でひとりで考えていても分かるものではないからです。ですので、日常生活における人間関係や仕事などでの経験を通して、実際に何を感じ、考え、どう行動しているかがエニアグラムタイプを見極めるための手掛かりになります。そこから、共通して出てくる欲求・不安、感情、思考、行動のパターンを探っていくんですね。

たとえば、いまお話ししたように、日々の生活や仕事、人間関係から生じた自分の欲求・不安や感情・思考・行動をメモしておくことや、大きめの本屋さんか図書館に行ってぶらぶらと歩き、直感で目にとまったものを片っぱしから読んでみるというのもおすすめです。

そして、そこでたまった情報（好き・嫌い、得意・不得意、やりがちな行動や思考法、よく感じる感情など）を再度見直してみて、共通点やパターンを探っていきます。再度〈**チェックシート1、2**〉をやってみるのもよいでしょう。そこで出てきたパターンがエニアグラムタイプの特徴と重なっていれば、それがあなたのエニアグラムタイプである可能性が高くなります。

また、信頼できる話し相手がいる場合は、自分が日々感じたこと、考えたことを率直に話してみると、自分が見えてくることもあります。

エニアグラムタイプの欲求・不安コントロール度を上げる方法

次に、エニアグラムタイプの欲求・不安コントロール度を上げる方法についてです。これには、まずは乳幼児期・児童期の自己・他者イメージや他我化の影響を最小限にすること、そして、当たり前ですが、自分のエニアグラムタイプを正しく意識化することが必要となります。

その上で、そのタイプの欲求に沿った目標を決め、その過程で必要なことを不安に影響されずにこなしていきます。最初は怖いし、失敗もすると思います。それでも、あえて自分のために挑戦し続けることで、欲求・不安のコントロール度が上がっていきます。

たとえばタイプ5の人で、「研究者になりたいがプレゼンテーションが苦手」という状況の場合、自分の夢のために「人前で話すという不安を克服する」と覚悟を決め、学会発表などに頻繁に挑戦していくということになりますね。

また、タイプ1で「仕事を完璧にこなしたいけど、ひとりでは限界がある」「相手に～して欲しいと思っているが言えない」というケースでは、「自分の気持ちや体調、状況を正確に把握して、限界を超える前に信頼できる人を探して頼る」「プライドや嫌われたらどうしようという思いを振り切って、必要なときは本心を伝

えること」が必要になります。

そして、それによって仕事や人間関係もうまくいくようになるという経験を積み重ねることで、欲求・不安のコントロール度が上がっていきます。最初はかなりの勇気を必要とするかもしれませんが、場数を踏んでいくにつれて、ラクにこなせるようになっていくんですね。

「口で言うのは簡単だけど、いざ行動に移すとなるとハードル高いなあ……」と感じられる方もいらっしゃるかもしれません。そこで、フィルターをクリアするための以上の一連の流れを実践するためのコツをお話ししておきましょう。

私が個人セッションで、相談者の方によくお話しするのが「裁判官のたとえ」です。人間の心の中を裁判所になぞらえて、「被告＝感情や衝動、欲求、不安」「弁護士＝感情を擁護する声」「検察官＝理性や常識、～するべきという考え、客観的視点」「裁判官＝それらの声をまとめて、最善の答えを出す機能」と見てみるんです。

他我化や乳幼児期・児童期の経験、エニアグラムタイプ、遺伝的影響などに強く影響されてコントロールができない状態というのは、これらの影響から生じる感情や衝動、欲求、不安などに翻弄《ほんろう》されている状態です。これは、自分が「被告＝感情」になってしまっている状態と言えます。そういう場合、そのときの状況によって「弁護士」になったり、「検察官」になったりすることもあります。

これを脱するには、自分が「裁判官」になることが必要なんですね。つまり、「被告」「弁護士」「検察官」の声を平等に聞きつつ、目の前の相手やその場の状況、社会情勢、自分の目的・夢などを考えあわせて、自分にも周囲にも最善の結論を出すということです。「裁判官」になることを心がけると、自分のフィルターをうまくコントロールして良い方向に使えるようになっていきます。

例外としての「遺伝型」

さて、ここまではフィルターの同一化型8つを基盤としてお話ししてきたのですが、実は例外としてもうひとつ「遺伝型」というものがあります。

これは、具体的に言うと、発達障害（ASD：自閉症スペクトラム障害、ADHD：注意欠陥・多動性障害など）とそのグレーゾーン（診断はされないが発達障害の傾向を持つ）の方に多く見られるケースです。発達障害は、乳幼児期の親子関係の影響などで生じるものではなく、遺伝的な影響が大きいと言われています。

私の個人セッションのケースでは、発達障害の傾向がある場合、エニアグラムタイプの影響が表れにくい方が多いんですね。そのため、このようなタイプの方をイデアサイコロジーでは「遺伝型」と呼んでいます。

これを見分けるためには、第4章の〈**チェックシート7**〉で出た自分に似ている親の特性を見ることが大事です。エニアグラムタイプが確定できず、似ている親と自分にASD・ADHD的な特性が見受けられた場合はその可能性が高くなります。

そして、「遺伝型」の場合は、じっくり時間をかけて見ていくことでエニアグラムタイプの影響を見いだすことができるケースもあるのですが、まずはエニアグラムタイプ以外の4つのフィルターのみでその人の心理構造の全体像をつかんでいくことが望ましいのではないかと考えています。

「遺伝型」以外の8つの型の場合はエニアグラムタイプがその心理構造の核となるのですが、「遺伝型」はエニアグラムタイプの代わりに遺伝的な特性（ASD的、ADHD的傾向）が核となります。つまり、この特性を正確に意識化し、ネガティブな部分は工夫して対策を練ること、そしてそれをどう社会的に生かすか、ということが大切になってくるんですね。

また、「遺伝型」の場合も「目覚め」に至る道は、エニアグラムタイプのフィルターをあまり重要視しない以外は、他の8つの型と同じです。他我化がある場合はまず他我化を意識化してやめること、乳幼児期・児童期の自己・他者イメージの意識化・修正、そして、エニアグラムタイプの代わりに遺伝的特性の意識化とそのコントロールとなります。その後、占星術的な特性の意識化とコントロール、ヌーソロジーの学習へと続きます。

第5章では、あなたのフィルターの全体像を明らかにし、そのフィルターの状態ごとに「目覚め」に近づく方法をお話ししてきましたが、いかがでしたでしょうか。

「いまひとつ結果に納得がいかないな」という場合やエニアグラムタイプが分からない場合、チェックシートがどうしても書けなかったという場合でも、時間を空けて余裕のあるときにもう一度挑戦してみるとまた新たな気づきがあるかもしれません。ぜひ再度やってみてくださいね。

第 6 章

「目覚め」とは行きて帰りし物語

6つのフィルターは現実生活ではどう表れるの？

ここまで、「人間・世界とは何か」「目覚めとは何か」「6つのフィルターの作られ方」「フィルターの内容分析の方法」「目覚めるための方法」についてお話ししてきましたが、「目覚めまでの流れについては大体分かってきたけど、それって現実的な個人の生活ではどんな風に表れているのかな」と感じる方もいらっしゃいますよね。

そこで第6章では、いままでお話ししてきた「フィルターの8つの同一化型」や「他我化」、「自我同一性地位」などが個人の現実生活ではどのように作用しているのかについて、具体的に、高校生の娘さんを持つ40代女性Bさんの事例を通しながらお話ししたいと思います。

そして、最後に、現在の社会や人類、宇宙というもう少し大きな視点から、「自分や周囲の人たちがどの程度目覚めに近づいているのか」を測るための指標になるものや「目覚めとは結局何なのか」についてお話ししていきます。

この本を通してお伝えしてきた「人間の構造＝ヌーソロジー」と「心の構造＝イデアサイコロジー」を統合した視点で、「人類と宇宙にとっての目覚めの意味」をお伝えできればと思っています。

母娘関係のこじれとスピリチュアルに関する事例

それでは、まず40代女性Bさんと娘さんとの関係性についての事例を見てみましょう。

40代女性Bさんの事例

40代のBさんは、仕事も家事も完璧にこなす良妻賢母タイプの女性。ただ夫とは結婚当初からケンカが絶えず離婚を考えたこともありましたが、ここ数年は夫婦仲も落ち着き、仕事に熱中する日々でした。そんな折、高校生の娘との会話が減ってきたと感じ「何かあったの?」とたずねると、娘さんは「別に……」と言ったまま部屋に閉じこもり、その後は話しかけてもそっけない態度しかしてくれなくなりました。

小さい頃からお母さん子だった娘さんはいつもBさんの愚痴を聞いてくれたり、励ましたりしてくれるいい子だったので、Bさんは非常にショックを受けてしまいます。友人に相談したところ、あるスピリチュアル系のインフルエンサーの思想を紹介され、「娘さんはあなたの心の鏡。あなたの心が平静で愛と調和に満ちていれば、自然と娘さんも落ち着くわよ」とアドバイスを受け、とても救われたように感じます。

その後、Bさんは娘さんのそっけない態度を見ても努めて心を平静に保ち、以前と変わらない接し方をしようと心がけていました。それを続けていると、ある日、娘さんのほうから友人関係に悩んでいるという話をしてくれたので、Bさんは「あなたが気にせず明るく振舞っていれば、お友達も自然と受け入れてくれるわよ」とアドバイスしました。すると、娘さんはそれ以上何も言わず納得した様子でした。

それ以降、娘さんの口数は少ないですが、日常の何気ないやり取りはできています。また、娘さんは最近「地方の大学に行きたい」と話すようになって受験勉強に励んでおり、Bさんも安心して過ごせるようになりました。現在は、スピリチュアル系のサロンに入ってサロンメンバーとの交流を楽しみ、読書、瞑想などに勤《いそ》しんでいます。

さて、このBさんの事例を読んであなたはどう感じられたでしょうか。「スピリチュアルでBさんも救われて生きがいができたし、娘さんとの関係も落ち着いたのであれば、これでよかったんじゃない？」と思われる方も多いですよね。

ただ、いまお話ししたBさんの事例はBさんの視点でのストーリーですので、実は娘さんがほんとうにはどう思っているかは分かりません。

そこで、次に娘さんの話を聞いてみましょう。

Bさんの娘さんの話

うちの母は、周囲からは「仕事も家事もできて優しくていいお母さん」と言われていて、私も最近までそんな母が自慢でしたし、「母のようになりたい」と思っていました。

でも、数カ月前、親友だと思っていた子が私のことを「なんでも言いなりだからつまんない」と言っていたのを聞いてしまったんです。それまでも、自分で薄々は「私って人の顔色をうかがってばかりで疲れるな」と感じていたのですが、そのことでやっぱり周りにもそう見えるんだと分かって……。それって、もしかしたら母との関係性が影響しているんじゃないかと思い、いろいろと親子関係や心理学の本やネット記事、ＳＮＳの投稿などを読んだんです。そうしたら、私と母にそっくりな話がたくさんありました。

いままでは母に認められたいという気持ちが強くて気づくことができなかったのですが、母はうちでは女王様のような存在なんです。母は無意識にしているのだと思いますが、自分では「～して」と言わずに、表情や雰囲気で周りを動かすんですよね。たぶん、いい人でいたいんだと思います。私や妹が母を心配して自ら母のために行動すると母の機嫌がよくなるので、私も妹も無意識に母の顔色を読む癖が付いてしまったんです。

だから、小さい頃から、父や仕事に対する母の愚痴を聞いたり、相談に乗ったりしていました。母は「あなたはお父さん似よね」と言いながら、父の愚痴を言っていたので、私は自分が否定されたような気分になってしまうこともありました。母は「いい人」と思われたい気持ちが強い一方で、かなり自己中心的で自己主張も強く、思い込みが激しいところがあるのに、それに自分では気づいていないようです。母自身が長女としてかなり厳しく育てられ、

「子供は親の期待に応えなければならない」と教えられてきたことも影響しているのかもしれません。

それに気づいてから、私は母と距離を置くようにしました。母と接していると、どうしても「母のために何かしてあげなきゃ」という気持ちになってしまうからです。でも、母も心配しているだろうし、もしかしたら心を開いて話せば分かってくれるかもしれないと思い、まず親友のことを話してみたことがあります。でも、母は、私が「つまらないと言われた」と話しただけで、「気にしないで明るく振舞っていれば友達も分かってくれる」と言って、話を終わらせようとしました。私がどうしてつらかったか、何を感じているかなどは興味がないようで聞いてくれませんでした。母は、私の気持ちよりもスピリチュアルの思想が大事みたいです。

なので、もう私は母に影響されることなく、自分の気持ちや感情を大事に、自分の好きな道を歩もうと決めました。いま、母と離れて自立するために、地方の大学を受験してひとり暮らしをすることを目標に頑張っています。

Bさんは3種混合型、娘さんはモラトリアムの状態

Bさんの娘さんの話を聞いてみていかがでしたか？　娘さんの話を聞くとBさん視点のストーリーとは大分違う事実が見えてきますね。

Bさんは仕事でも活躍し、家庭もそこまで大きな問題があるわけではありません。スピリチュアルの考え方を学ぶことで、現在では夫や娘を批判することもなく、心穏やかに毎日を楽しくポジティブに過ごしています。しかし、Bさんのこの状態をイデアサイコロジーで見ると、「D型（3種混合型）」と判定することになります。

Bさんのエニアグラムタイプは2-3で、「責任感と道徳観が強く華やかな姉御肌」タイプです。ですが、「子供は親の期待に応えるのが当然」という乳幼児期・児童期の経験の影響も強く、それを娘にも無意識に適用する傾向も残っているため、「早期完了」の傾向があることがうかがえます。そのため、エニアグラムタイプの意識化もまだ明確ではなく、欲求・不安コントロール度もやや低めとなっています。

また、このエニアグラムタイプの欲求・不安コントロール度が低いために、自己中心的で主観的という遺伝的特性の影響も意識してコントロールすることができず、いい人と思われたいがために他人を無意識に操作するタイプ2の短所を助長してしまっています。

今回の娘さんとの関係の問題は、この乳幼児期・児童期の経験、エニアグラムタイプ、遺伝的影響の各フィルターを意識化するチャンスでもあったのですが、Bさんはそこと向き合うことをせず、スピリチュアルの思想に他我化してしまいました。

このBさんのような意識状態は、表面的には安定してポジティブに見えますが、6つのフィ

ルターという視点で見た場合にはまだまだフィルターの影響が強い（フィルターが濃い）状態と言えます。そして、他我化で安定してしまうと他のフィルターと向き合って意識化・修正することが難しくなるので、いくらスピリチュアルの知識を貯め、瞑想やワークなどをしても「目覚め」への道を進むことはできなくなります。

Bさんがこの状態からほんとうの「目覚め」に向かうためには、まず、スピリチュアルの考え方だけしか見ず、そこにアイデンティティを持ってしまっている他我化を意識してやめることが必要になります。そしてその後、乳幼児期・児童期の経験のフィルターと向き合い、修正すること、エニアグラムタイプの意識化と欲求・不安コントロール度の向上、遺伝的特性と占星術的特性の意識化とコントロール、ヌーソロジーの学習という過程を経ることで「目覚め」に近づくことができます。

それに対して、娘さんの状態はどう考えられるでしょうか。この娘さんの話だけではフィルターの全体像までは出せませんが、第2章でお話しした「自我同一性」の確立の過程だったと見ることができます。親友に「つまらない」と言われたことで、親の考え方をそのまま取り入れていた自分に迷いが生じ、「危機」の経験をしたと考えられるんですね。そして、現在は自我同一性を確立するために「傾倒」できるものを探している「モラトリアム」の状態だと言えます。

ですから、娘さんが「目覚め」に向かうためには、まずはこれからいろいろな経験をしながら、エニアグラムタイプを意識化し、欲求・不安のコントロール度を上げ、遺伝的影響や占星術的影響も含めて自分の特性を社会で生かせるようにしていくことが望まれます。その後、もし「目覚め」に向かいたいという意志があるならば、ヌーソロジーの学習をするとよいですね。

ほんとうの二極化とはフィルターのクリア度によるもの

さて、いまお話しした事例のBさんが取り入れているスピリチュアルの思想では、「日常生活で起こることはすべて自分の心の中のイメージの投影であって幻想に過ぎないのだから、起こったことはすべて自分の中にあるものとして考えることが大事」「その上で各々の出来事に一喜一憂せずに、常に平和でポジティブな心持ちで過ごすことが目覚めにつながり、自然と周囲にも良い影響を及ぼす」という考えをベースにしていることが多いです。

この考え方でいくと、目覚めの方向にある人は「他人を批判せず常にポジティブで感情的に安定している人」、目覚めの方向と逆行している人は「感情に翻弄され他人を責めたりしてネガティブな考え方をやめられない人」ということになります。そして、大まかに言えば、このポジティブとネガティブの二極化が起きていると捉えられることになります。

イデアサイコロジーでも、第1章でお話ししたように、現在は人間の意識が変換人・人間・スマルに分かれていく二極化の時代（正確には三極化ですが）と言えると考えています。ただ、それを分けるものは「ポジティブかネガティブか」ではなく、「フィルターのクリア度」だとしているんですね。

つまり、Bさんのように常にポジティブで他人を批判せず感情的に安定している人でもフィルターが濃い人もいるし、ネガティブなことを感じてもフィルターが薄い人もいるということです。

イデアサイコロジーでは、ネガティブなことを見ることは「フィルターのクリアに必要な条件のひとつ」だと考えています。つまり、ポジティブな状態を保つことだけを考えて、自分の中にあるネガティブな部分（親に対する怒りや自分の欠点、弱さなど）を見ないようにすると、いつまで経ってもフィルターはクリアできないからです。ですので、日常の中で自分の中のネガティブを発見することは必ずしも「目覚め」から遠ざかることではないんですね。また、自分が理不尽な対応をされたときや、他人に対して酷い態度を取っている人を見たときなどに、事実を事実として見て「それはおかしい」と判断できることも、フィルタークリアの条件のひとつだとイデアサイコロジーでは考えています。

さらに、先ほどお話ししたスピリチュアルの思想で考えると、自分がどれだけ目覚めに近づいているかという判断は、「自分が他人を批判せず、何事にも動じず、ポジティブで楽しく生きられているか」というあくまで主観的な自分だけの感覚に頼ることしかできなくなります。でも、１００％ネガティブを感じないということは現実生活では難しいし、誰でもちょこちょこはネガティブを感じるときもあります。すると、以上のようなスピリチュアルの思想では「目覚め」への道の地図となる心の構造は提示されていないので、ネガティブを感じる度に振り出しに戻るような気分がしてしまうんですよね。

ですから、日々「目覚め」に向かって努力しているという方の中には、「自分がほんとうに目覚めに近づけているのか確信が持てなくて不安」と感じている方も多いようです。そのような努力の空回りを防ぐためにも、「目覚め」に向かうには6つのフィルターの構造を理解し、自分の位置を確認しながら、フィルターをクリアしていくことが重要だと考えています。

フィルターのクリア度は身近な人間関係にも表れる

このように、「自分や周囲の人たちがどの程度目覚めに近づいているか」を判断するためにはフィルターの内容と同一化型を明確にするのが王道の方法ではあるのですが、実は他にも、「目覚め」の程度（フィルターのクリア度）が表れる重要な指標となるものが2つあります。

まずひとつは、「その人がどんな人と仲良くしていて、どの程度相互理解ができているのか」ということです。

ビジネス界では「周囲の5人の平均年収があなたの年収」という話がありますし、「類は友を呼ぶ」ということわざもありますが、「目覚め」に関しても似たようなことが言えます。

人間は無意識的に「自分に照らし合わせて他人を判断する」というシステムを持っているので、必然的に「自分を理解している程度にしか他人を理解できない」ということになります。

たとえば、F型（他我化型）の場合、自分の6つのフィルターの中でも「中学生以降の経験のフィルター」の範囲しか見ることができないため、他人のこともその範囲でしか理解できません。それに対して、A型（エニアグラム型）で欲求・不安コントロール度も高い人は、「3次元的空間認識のフィルター」以外の5つのフィルターを意識化・コントロールしてクリアできているので、他人の5つのフィルターの内容や同一化型（フィルターのクリア度）を理解することができます。

また、クリアできていないフィルターが多いとその内容がコントロールされずに、無意識に行動してしまうことが増えるため、コミュニケーションにも問題が生じることが増えます。そうなると、フィルターのクリア度が高い人は、クリア度が低い人から遠ざかることになります。また、クリア度の低い人も高い人といると居心地が悪く感じる場合もあります。結果的に、クリア度が高い人は高い人を選び、低い人はお互いに「自分も相手もクリア度が低い」ということも分からないまま、低い人としかつきあえないということになってしまいます。

そして、相互理解の深さという点でも違いが表れます。クリア度が高い人は5つのフィルターのすべてを相手とお互いに共有し支え合うということができるのに対して、クリア度が低い人は、共有できるフィルターが少なく、相互理解もごく浅いものとなってしまいます。

さらに、クリア度が低い人はお互いの相互理解が浅いということにも気づくことができないので、「自分の人間関係やコミュニケーションスタイルには問題ない」と感じることが多いです。ですから、人間関係にとくに大きな問題がないからといって、フィルターのクリア度が高いとは一概に言えないんですね。

ここで先ほどの事例のBさんを見てみましょう。Bさんも、表面的には人間関係にとくに大きな問題はありませんでした。でも、各フィルターの状態を見ると、スピリチュアルへの他我化で安定していたため、それ以外のフィルターを見ようとしていなかったと捉えられます。したがって、娘さんのこともその範囲でしか見られず、娘さんのつらさや戸惑い、さらには自分と娘さんとの関係のこじれを生み出した原因についても理解することができませんでした。そして、娘さんはBさんとの相互理解を諦め、Bさんから離れていったのです。

またBさんは、夫との関係でも深い相互理解ができているとは言いづらい状態でした。ケンカはしなくなったというだけで、表面的な日常に必要な会話しかしていませんでしたので、相互理解は浅いままだったんですね。その状況でも、Bさんは家族との相互理解が浅いとは気づかず、娘も独り立ちできそうで、夫とも普通に話せるから問題ないと考えていました。

「でも、Bさんはサロンメンバーや職場の人間関係ではうまくやっていたんですよね」と思う方もいらっしゃいますよね。一般的に、趣味の仲間や職場の人間関係は自分が選び相手にも選ばれたものではないことや、あまり深い関係にはならないことが多いため、クリア度による影響が出にくいケースが多いです。

とくに仕事では、論理的思考や事務的なやり取りがメインとなり、感情的な交流が必要な場合が少ないので、各個人のフィルターの影響が出にくいんですね。たとえば、「職場では非常に優秀で出世している男性が、家庭では奥さんや子供を気遣うことができず、自分本位の行動しかできないため嫌われてしまって居場所がない」なんてケースはよくあります。

したがって、自分のフィルターのクリア度を見るためには、自分が選び選ばれた人で、長く一緒に過ごす人間関係を見ることが大切になってきます。親は選べないので、自分が選んでつきあっているごく親しい友人、恋人、結婚した相手と子供などのフィルターのクリア度とその関係性を見るのが望ましいです。

またこのことは、逆に言えば、身近な人間関係の中でお互いのフィルターの内容を共有・理解し合い、深い信頼関係を築いていく過程を経ることで、フィルターのクリア度が上がり「目覚め」に近づくことができるということにもなります。

ヌーソロジーでも、「意識の本質は自己と他者の間にある」と考えています。つまり、あなたの意識とはあなたの身体の中にある孤立したものではなく、あなたと目の前にいる他者との関係性そのものなのだということです。

そして、ヌーソロジーでは、「自己と他者の位置をお互いに交換可能なものにすることこそが目覚め」だと考えています。ですからそのためには、まず「3次元的空間認識のフィルター」

以前の5つのフィルターのレベルにおいても、同じように自己と他者がフィルターを交換可能な状態にすることが必要だとイデアサイコロジーでは考えています。つまり「目覚め」に至るには、ヌーソロジーの学習と並行して、自己と他者がお互いに5つのフィルターを理解して共有し、その上でお互いの立場で考え、感じられる状態になることが必要なのではないかということです。

Bさんの事例で言えば、Bさんが「目覚め」を目指すならば、自分の6つのフィルターを意識化・コントロールしてクリアすることと同時に、家族と真摯《しんし》に向き合い、お互いのフィルターの内容と同一化型も理解し合って、お互いの人生の幸せのために支え合いながら生きるという姿勢が求められることになります。

事実と精神的安定、どちらを取る？

では次に、フィルターのクリア度が表れる重要な指標のうちの２つ目についてお話ししましょう。この２つ目の指標とは「事実と精神的安定のどちらを優先するか」ということになります。

人間の心は、無意識のうちに精神的・感情的に安定を保とうとするシステムを持ちます。このシステムを心理学では「認知的不協和理論」と呼ぶのですが、これを説明するためによく事例として出されるのが、イソップ物語の「酸っぱい葡萄《ぶどう》」です。これは、キツネが高い樹の枝になっている葡萄を取ろうとしても取れなかったので、「きっと酸っぱい」と決めつけて心を落ち着かせるというお話ですね。このキツネのように、人間には何か自分に都合が悪いことがあったときに、無意識に「自分に都合のいい解釈をして精神的に安定したい」と感じてしまう傾向があるということです。

たとえば、先ほどの事例のBさんは、娘さんの態度の変化にショックを受けましたが、そのとき、事実（娘さんの心理状態やそうなった原因）には目を向けず、スピリチュアルの「自分が平静を保って責任転嫁せず、愛と調和に満ちていれば周囲も変わる」という思想に「救われたような気持ち」になりました。このときのBさんは、事実よりもスピリチュアルの解釈を通しての精神的安定を無意識に選択してしまったと言えるんですね。

スピリチュアルでは、「ワクワク・楽しい・落ち着く・しっくりくる・喜びなどの感情に従っていればうまくいく」という考え方がありますが、Bさんのように、「事実を見ずに自分はこれでOKと思える」という期待が、本人も無意識のうちに「救われた気分」「しっくりくる」

場合もあります。
このように、事実に向き合うことなく気持ちが楽になるほうを選ぶのが癖になってしまうと、正しい判断ができなくなるので、人間関係や仕事もうまくいかなくなり、「目覚め」への道も閉ざされてしまいます。
「目覚め」への道の最大のトラップである他我化も、他我化を生み出す「早期完了」も、さらにはエニアグラムタイプの欲求・不安コントロール度が低い状態で留まってしまうケースも、実はこの「事実よりも精神的安定を取る傾向」から生まれるものです。
さらに厳密に言えば、「このままの自分がいい状態と思いたい」「自分や相手の現実(各フィルターの内容や同一化型、欠点・弱点、自信のなさやネガティブな感情、ミスなど)を見るのは怖い」「いまの自分を変えるのはイヤ」という「現状維持の誘惑」がおおもとの原因となっています。この「現状維持の誘惑」は非常に強力なので無意識的に働くことが多く、Bさんのように自分では本気で「それが事実で良い方向に向かっている」と感じているケースも多いです。

ただ、エニアグラムタイプや遺伝的特性、占星術的特性から生じるものも、「ワクワク・楽しい・落ち着く・しっくりくる・喜び」という感覚として感じられるものなので、その見分けは難しいのですが、自分のフィルターを詳しく分析し、６つのフィルターの作られ方やそのしくみが頭に入っていれば、見分けることは可能です。

コツとしては、「この考え方がいい！」「落ち着く」「楽しい」「好き」などと感じたときに、そのまま思い込んだり行動に移したりせずに、一旦立ち止まって「そう思うのはどうして？」と自分に問いかける習慣をつけることです。一回では本音が出てこないこともあるので、時間をかけていろんな方向から質問してみることも大事です。そこで「自分の欠点やネガティブな感情、思い込みなどと向き合わないで済むから」というものに行き着けば、「現状維持の誘惑」から来ていることが多いでしょう。そういう場合は、Bさんのように自分は気づかなくても周囲の誰かはその決断をあまり良くは思っていないということも起きがちですし、その行動の結果もあまりうまくいかないという傾向があります。

ですので、人生をより良い状態で幸せに生き、さらに「目覚め」に近づくためには、「現状維持の誘惑」を意識して、それに流されずに事実を見ることが必要なんですね。そして、その基盤として「幸せになりたい」「目覚めたい」という強い意志と正しい知識が必要になってきます。

ほんとうのフロンティアは自分の中にある

少し厳しめのお話が続いてしまったので、「目覚めって思ったより大変なんだなあ」と感じている方もいらっしゃるかもしれません。

ヌーソロジーでは、科学が素粒子の壁に行き着き、コンピューターが普及した2013年以降のいまの時代にしか「目覚め」は起こらないとしています。そうなると、実は歴史上の偉人でさえ「目覚め」てはいないということになります。ヌーソロジーにおいて「目覚め」とは前人未到の意識状態なので、やはり大変といえば大変な作業なんですよね。

でも、この時代に生きる私たちには、科学的、資本主義的世界観から解放され、死や孤立した自我を超えた生き方ができるチャンスが万人に与えられていると言うこともできます。現在の科学的・資本主義的世界では、「宇宙とメタバース（インターネット上に存在する仮想空間）に最後のフロンティアを求める」という時代になっていますが、ヌーソロジーでは「人類が開拓すべきほんとうのフロンティアは自分の中にある」と考えています。

宇宙やメタバースを開拓するには莫大な資金が必要ですが、自分の意識空間を開拓するには「目覚め」への意志と正しい知識があれば事足ります。ですから「目覚め」を目指すあなたには、ぜひこのチャンスを生かして新しい世界を開拓するパイオニアになっていただきたいと思っています。

「変換人・人間・スマル」ってどんな状態？

この新しい意識空間を開拓するパイオニアのことを、ヌーソロジーでは「変換人」と呼びます。第1章でお話ししたように、2013年から2039年までは人類が「変換人・人間・スマル」の3つの意識状態に分かれていく時期であり、この「変換人・人間・スマル」のうちどの意識状態になるかは「フィルターのクリア度（濃さ）」によって決まってきます。

　では、ここで改めて、第2章から第5章で扱った6つのフィルターのしくみと「目覚め」への道の過程、他我化などの概念を通すと「変換人・人間・スマル」は具体的にどのような状態と言えるのかを見てみましょう。

　まず、「変換人」のフィルターのクリア度は高く、6つのフィルターの意識化とコントロールが完全にできている状態になります。8つのフィルターの同一化型で言えば、A型（エニアグラム型）であり、欲求・不安のコントロール度も高く、遺伝・占星術的影響も意識化・コントロールしていて、ヌーソロジーも完璧に理解しているという状態ですね。

　人間関係では、6つのフィルターの内容を他人と共有し理解し合い、支え合いながら深い信頼関係を築くことができます。家族などの身近な関係であっても、フィルターの内容に影響されてネガティブな結果が生じることはありません。また、他人のフィルターのクリア度も正しく判断でき、相手に合わせた対応ができます。そして、自分の精神的安定よりも事実を見て、自分と周囲の幸せのために適切に対処ができる状態を保っています。

「人間」のフィルターのクリア度は中程度で、「3次元的空間認識のフィルター」以外の1〜5個のフィルターの意識化はできていますがコントロールは完璧ではない状態です。人間関係では、1〜5個のフィルターを他人と共有し、ある程度の相互理解と信頼関係を築くことができますが、身近な関係ではクリアされていないフィルターの影響が出がちです。他人のフィルターのクリア度の判断は、自分のフィルターのクリア度やそのときの状況によって、できる場合とできない場合があります。また、しばしば事実よりも精神的安定を優先して、問題が起こることもありますが、他人に意識的に害を及ぼすことはほとんどありません。ここには、8つのフィルターの同一化型の大部分が当てはまります。

　そして「スマル」ですが、「スマル」のフィルターのクリア度は低く、すべてのフィルターのコントロールができていない状態です。他我化が非常に強く、その範囲でしか他人を見ることができません。とくに身近な関係の人にはフィルターの影響が強く表れ、ネガティブな結果をもたらします。相互理解もごく浅いものとなります。また、常に無意識的に自分の精神的安定を優先し、事実を曲げて解釈して、他人に害を及ぼすこともあります。他人のフィルターのクリア度の判断もできないので、相手に合った対応もできない状態です。

　この3つの状態を現在の人類に当てはめれば、多くの人が「人間」の状態と言えると思います。その中で、「変換人」に近い人や「スマル」に近い人もいるという、グラデーションのような分布状態になっているのではないかと考えています。

人間の身体・性格・能力は与えられた「役」に過ぎない

さて、ここまでは「目覚め」るための方法などを現実生活に沿う形で具体的にお話ししてきましたが、最後に人類、宇宙というもっと大きな視点から「結局目覚めって何なの？」というお話をしてみたいと思います。

イデアサイコロジーでは、「目覚め」とは「行きて帰りし物語」であると考えています。つまり、すべてと一体だった生まれる前の意識から、身体として生まれて6つのフィルターを作り上げ、それをクリアすることで、またすべてと一体化するという一連の過程を「目覚め」だと捉えているんですね。

スピリチュアルでも、「人間の魂はもともと完全な存在だったが、人間としての経験を楽しむために波動を落として生まれてきた」「人間になる前の元の状態に戻ることが目覚め」という考え方があります。ただ、イデアサイコロジーでは、生まれる前の状態と「目覚め」の状態は「すべてと一体化している意識」という点では似ているのですが、実はまったく違うものだと考えています。

つまり、生まれる以前の意識は、6つのフィルターをクリアしておらず、まだ世界や人間の意識構造については何も知らない状態であり、「目覚め」たあとの意識はすでに6つのフィルターをクリアして、世界や人間の意識構造を熟知しているという大きな違いがあるということです。

ですから、人間というシステムが存在するのは、スピリチュアルで言われているように「人間の体験を楽しんで、また元の世界に戻る」ためではなく、「6つのフィルターを意識化してコントロールできるようになり、世界と人間の意識構造を知る」ことが目的なのです。そして、ヌーソロジーでは、人間が「6つのフィルター」をクリアしていく」エネルギーこそが、宇宙の輪廻を動かしていく原動力になっていると考えているんですね。第1章でお話しした6500年ごとの「調整期」「覚醒期」の交替を行い、また新たな宇宙を生み出していくためには、人間が「6つのフィルターを作ってクリアしていく」ことが必要なのだということです。

「それだと、変換人になれなかった人間とスマルは目的を果たせないということになるけど、存在意味はないってこと?」と感じる方もいらっしゃるかもしれません。「変換人になれなかった人間」と「スマル」はフィルターをクリアするエネルギーの反作用として、物理法則のように生じるものだとヌーソロジーでは考えています。つまり、フィルターを維持する「人間」と逆方向のエネルギーである「スマル」が生じないと、宇宙の輪廻は正常に行われないとしているんですね。ただやはり宇宙の輪廻を引っ張っていく能動的な力は「6つのフィルターを作って自らクリアするエネルギー」ですので、ヌーソロジー・イデアサイコロジーではこれが人間が目指すべきものであるとしています。

そう考えると、実は、人生でどんな経験をするか、どんな能力を持って社会的に評価されるかということは、宇宙の輪廻から見たらあまり意味はなく、どんな内容の人生であったとしても、「6つのフィルターを作って自らクリアすること」ができれば目的は達成されるということになります。

現代社会では一般的に、個人の能力は、頭の良さや知識量、学歴・社会的地位、容姿、運動能力や芸術的才能、ビジネスの才能、人を魅了する能力などを基準に評価される傾向があります。そして、それに恵まれた人は「自分は才能がある」と自信を持ち、恵まれていない人は自己評価が低くなってしまうという現状がありますよね。

でも、それはほんとうに「その人が培った能力」で「その人がすごい」と言えるのでしょうか。第2章でお話ししたように、容姿はもちろん、IQや論理的思考力、コミュニケーションスタイル、運動能力・芸術的才能、忍耐力や努力できる才能までも、たまたま与えられた遺伝的特性として決まってきてしまいます。また、家庭環境もその人が選べるものではなく、いろんな経験をさせてもらえて才能が伸ばせる環境を与えられるケースもあれば、才能を持っていても家庭環境の影響で芽が出ないケース、さらには生きることとさえ難しくなるケースもあります。

ですから、遺伝的特性も家庭環境の影響も偶然与えられたものであって、その人の本質とは言い難いんです。同様に占星術的影響も、より深い無意識に関係しているとは言っても、生まれた日時の影響なので厳密にはその人の本質とは言えないとイデアサイコロジーでは考えています。

さらに、本書では「エニアグラムタイプが個人の心理構造の核になる」とはお話ししていますが、実はエニアグラムタイプでさえも、与えられた親子関係の中で無意識的に決定されるものであって、その人の本質とは言えません。

つまり、個人の能力を決定する、「3次元的空間認識」以外の5つのフィルターは、宇宙的な視点から見れば、「目覚め」るために「俳優に与えられた役」のようなものに過ぎないんです。その役がお姫さまであろうが、しがないサラリーマンであろうが、それはその人の本質とは別物ということです。そして、もちろん6つ目の「3次元的空間認識のフィルター」も身体に付随して与えられたものですから、その人の本質ではありません。

すべて手放して「帰ろう」

「え？　じゃあ人間の本質ってどこにあるの？」と考えてしまいますよね。

ヌーソロジーでは、人間の本質は６つのフィルターをすべてクリアして脱ぎ捨てたあとの「私がいまここにいるという意識」であると考えています。これを哲学・精神分析では「純粋持続」「物自体」「タナトス」「現実界」、ヌーソロジーでは「奥行き」「死の意識」とも表現しています。

スピリチュアルでも「いまここにいる」という意識が「目覚め」には必要という考え方がありますが、６つのフィルターをクリアしないまま「いまここ」を意識しても「目覚め」は起こりません。「中学生以降の経験のフィルター」「乳幼児期・児童期の経験のフィルター」「エニアグラムタイプのフィルター」「遺伝的影響のフィルター」「占星術的影響のフィルター」「３次元的空間認識のフィルター」をひとつひとつ意識化・コントロールして脱ぎ捨てていくことによって、最後の「いまここ」の意識だけの状態に至るんですね。

この最後に残った「いまここ」の意識は全人類が共有しているものです。あなたの一番身近な人を思い浮かべてみてください。その人とは顔や身体の特徴、持って生まれた才能、エニアグラムタイプ、育った家庭、その後の経験など、違うところがたくさんあります。でも、それらはあなたとその人にたまたま与えられたもので「役」に過ぎないと知り、お互いが６つのフィルターをひとつずつ脱ぎ捨てていったとしたら、どうなるでしょうか。

それらをすべて脱ぎ捨てれば、お互いが最後に残った人類共通の「いまここ」の意識となり、「自分と相手は同じものだったんだ」という感覚を持って一体化することができるとイデアサイコロジーでは考えているんですね。そこではじめて、法律や世間の常識に強制されたものではない本物の倫理意識が生まれ、戦争や格差のない理想的な社会が可能になります。そして、これが「目覚め」以降の社会のあり方なのではないかなと私は思っています。

　このように「目覚め」とは、意識の構造を何も知らないまま一体化していた状態から、身体を持って人間として生まれ、3次元的空間認識の能力（言葉・論理的思考力・客観的思考力など）を身につけることでまず世界を科学的に理解し、個人的な5つのフィルターもクリアしたあと、この3次元的空間認識と意識構造のしくみさえも理解した上で、また「いまここ」の意識に至ってすべてと一体化するという一連の流れのことになります。同じ場所に「帰る」のですが、自分の認識力は格段に上がっているという螺旋《らせん》階段のような構造になっていると言えま

す。

私たちは、日常生活では6つのフィルターに常に影響され、「現状維持の誘惑」に抵抗したり流されたりしながら生きています。人間の人生には、たとえば、好きな人に想いが通じたときや第1志望の学校に合格したとき、仕事で成功したとき、結婚・出産したとき、心震えるような音楽や映画に触れたときなど、ほんとうに美しく彩り豊かな側面が存在する一方で、さまざまな争い、いじめや虐待、犯罪、差別、戦争などのネガティブな側面も存在します。

これらのネガティブな側面は、事実や他人が見えなくなって自分の精神的安定だけを追求する「現状維持の誘惑」から生じているのですが、この「現状維持の誘惑」は6つのフィルターがクリアされて人間が「目覚め」ることでしか、影響を消すことはできないとヌーソロジーでは考えています。つまり、身体をもとに作られる6つのフィルターがある限り、「現状維持の誘

惑」は残り続けるとしているんですね。

もちろん人間のままでいる選択肢も残されており、それはあなたの意志にゆだねられています。先ほどお話ししたように、人間のままでいる意識とスマルの状態の意識も宇宙の輪廻には必要なものだからです。

ただ、現在の世界の状況を見ると、環境破壊やエネルギー・食料問題、経済的格差の広がりと貧困問題、感染症の増大、テロ、戦争など、これ以上世界中の多くの人間が「現状維持の誘惑」に流されて生きていく状態を続けるのは、限界が近づいているように感じる方も多いのではないでしょうか。

人間は身体に付随して作られた6つのフィルターを自分と感じているので、それを維持できないということに非常に大きな恐怖を感じるようにできています。でも、いままでお話ししてきた宇宙の輪廻という視点で考えれば、あなたの6つのフィルターは、「目覚め」るために作られた「役」に過ぎないということが分かります。それに気づいて「すべて手放し、いまここに帰る」ことこそが、実は人間に与えられた本来の目的なのです。

もし、あなたが「もう人間は飽きたし限界が近づいている」「そろそろ新しい世界を開拓したい」と感じ、「目覚め」に向かう決意をしたならば、ぜひ「世界と人間の構造」「6つのフィルターの構造」を頭に入れた上で、あなたの6つのフィルターの内容と同一化型を明らかにしてクリアすることを目指し、人類の「目覚め」を先導する存在になっていただきたいと思っています。

では、最後に本書のイラストを担当してくれた末富晶さんと二人で作った詩をご紹介して、締めのご挨拶とさせていただきます。

青い鳥を探していた
もう記憶に残っていないほど
遠い遠い昔から

青い鳥を探していた
もう深く傷つくことのないように
目に見えない鉄の鎧《よろい》を身につけて

青い鳥を探していた
あなたもわたしも
自分だけの青い鳥を

鎧の中は傷だらけ
青い鳥はどこにもいない

争いの日々に疲れ果て
硬い殻を脱いだとき
真実の扉は開かれる

探していた青い鳥は
目の前の「あなた」だったと

わたしの青い鳥はあなた
あなたの青い鳥はわたし

重い鎧をすべて手放して

わたしとあなたの世界へ

すべてのはじまりと終わりがつながる場所へ

おわりに

いま、人間の意識は大きく分かれようとしています。

私たち日本人はとくに「みんな一緒」「優劣をつけるのはよくない」という感覚がありますが、あなたの周りの現実はどうでしょうか？「確かに、生き方や考え方がまったく異なる人、話が通じない人が出てきている」と感じる方も多くなっているのではないでしょうか。

ただ、同じように「二極化」を感じると言っても、人によって「経済的に裕福か否か」「保守かリベラルか」「大手メディアを信じるか否か」「物質主義か精神主義か」「ポジティブかネガティブか」など、それを分ける基準はさまざまです。

日本社会では90年代半ばまで、「人間とはこうあるべき」という理想的人間像が暗黙の了解として共通認識になっており、多くの人が無意識にそれに合わせて生きなければと感じていたんですね。それが90年代半ばを境に急激に影響力を失くしていき、とくに２０００年代初頭以降は人間の生き方を縛る社会的強制力はなくなり、生き方や価値観は完全に個人の自由となりました。

これ自体はいいことでもあるのですが、その分、いまの時代は個人の実際の姿、本書で言えば「フィルターの内容」がそのままストレートに表に出てしまう時代だということになります。そして、それは社会の風潮の中にも表れ、多種多様な価値観、考え方、思想が何でもありの状態であふれ出すということになってしまいます。

それに加えて、現在はデジタル技術（ＡＩ〈人工知能〉・量子コンピューターなど）がものすごい勢いで進化し、私たち一人ひとりの日常生活や認識、興味までも根底から変えてしまうような革命が起こるのも間近だと言われています。このような技術進化こそが人類の進化なのだと考える社会では、個人の精神的成長や理想的人間像、意識進化などは完全に意味のないものとされ、一顧だにされません。

ヌーソロジーでは現在の社会のあり方を「デジタル資本主義社会」と呼び、ここでは「他我化」のエネルギーが人類を覆うと考えています。そして、「目覚め」が起こる前にはどうしても構造上、この「デジタル資本主義社会」を通過しなければならないとしているんですね。

ですから、いま私たちは、裸のまま時代の激流の中に放り込まれて、その流れに意識的に乗っていくのか、ただただ流されるだけなのか、それとも流れに逆らって逆方向に進むのかを試されていると言えます。

もちろん、ヌーソロジー・イデアサイコロジー的「目覚め」はこの時代の流れに逆行するものです。ですから、「目覚め」を目指す人たちにとって厳しい時代なのは確かで、現にさまざまな不安を感じている方もいらっしゃるでしょう。でも、ヌーソロジー的にはこれは想定内のことです。

この激流の時代を生きるには、ゴールを目指す意志とゴールまでの地図、方向を示す羅針盤を持つことが必要になります。ただ、世の中には地図と羅針盤は山ほどありますし、その内容もさまざまです。その中から、あなたは自分にふさわしいものを選び、あなたのゴールに向かうことになります。

数ある地図と羅針盤の中から本書があなたに選ばれて、「目覚め」というゴールに向かうお手伝いができればとても嬉しく思います。

2023年2月　　春井星乃

ヌーソロジーを学びたい方へのガイド

●関連書籍

半田広宣『2013:人類が神を見る日　プレアデス次元からオリオン次元へ。今、シリウスの力が地球に降誕する。』（1997年、徳間書店）
→最初にお読みいただきたい本。単行本は現在絶版。CD版、PDF版がヌースアカデメイアのサイトで販売中。
https://noos-academeia.shop/item_cdbook_jinkami/

半田広宣『2013：シリウス革命　精神世界、ニューサイエンスを超えた21世紀の宇宙論《コスモロジー》』（1999年、たま出版）

半田広宣・春井星乃・まきしむ『奥行きの子供たち　わたしの半身はどこに？ ヌーソロジーで読み解く映画の世界』（2019年、VOICE）

川瀬統心『新説・精神世界史講座　ワンネスは2つある』（2018年、ヒカルランド）

細田奈々『感性で紐解くヌーソロジー』（2022年、ナチュラルスピリット）

●関連サイト

ヌースアカデメイア
https://noos-academeia.com
https://www.youtube.com/@NoosAcademeia

CAMPFIREコミュニティ「ヌーソロジー・サロン」
https://community.camp-fire.jp/projects/view/404531

武蔵野学院大学ヌーソロジー研究所
https://noos-academeia.com/#laboratory
https://www.youtube.com/@user-xs8or7by9g

● Twitter

半田広宣　https://twitter.com/kohsen

イデアサイコロジーを学びたい方へのガイド

●イデアサイコロジーのサイト

https://ideapsychology.net/

● Twitter

春井星乃　https://twitter.com/haruihoshino

● Instagram

ideapsychology　https://www.instagram.com/ideapsychology/
→ルピカを主人公とした詩のリズムで語る物語『ルピカと虹の海』も投稿中。

■著者紹介

春井 星乃（はるい ほしの）

お茶の水女子大学大学院博士前期課程人間文化研究科修了。臨床心理士として精神科クリニックに勤務し、東京都スクールカウンセラーも経験。現在は、心理学・精神分析・エニアグラム・ヌーソロジーを統合した意識発達理論であるイデアサイコロジーを提唱し、それをもとにしたオンライン個人セッション（性格分析・カウンセリング）を行っている。2019年に半田広宣・まきしむと共著で『奥行きの子供たち』（VOICE）を出版。武蔵野学院大学ヌーソロジー研究所准教授。

■イラストレーター紹介

末富 晶（すえとみ しょう）

詩人・生け花アーティスト。小学校３年生から中学校卒業までの約７年間を不登校児として過ごす。2018年、自身の体験を綴《つづ》った本『不登校でも大丈夫』（岩波ジュニア新書）を出版。11歳より生け花を学び、現在ではそれぞれの心の世界を自由に表現する「～晴空便り～生け花教室」を主宰している。イデアサイコロジーではイラスト・詩・物語を担当。2023年、第一詩集『世界のはじめに』（Star Poets Gallery叢書１）を出版。

人間と心のしくみを知って人生を変える

「目覚め」への道の歩き方

●

2023年4月20日　初版発行

著者／春井星乃

イラスト／末富 晶
装幀・DTP／株式会社エヌ・オフィス
編集／嶋貫由理

発行者／今井博揮
発行所／株式会社 ナチュラルスピリット
〒101-0051 東京都千代田区神田神保町3-2 高橋ビル2階
TEL 03-6450-5938　FAX 03-6450-5978
info@naturalspirit.co.jp
https://www.naturalspirit.co.jp/

印刷所／創栄図書印刷株式会社

ISBN978-4-86451-434-7 C0011